高校篮球教学与训练探究

卢从飞◎著

中国戏剧出版社
CHINA THEATRE PRESS

图书在版编目（CIP）数据

高校篮球教学与训练探究 / 卢从飞著. -- 北京：中国戏剧出版社, 2025. 1. -- ISBN 978-7-104-05631-7

Ⅰ．G841.2

中国国家版本馆 CIP 数据核字第 2025HG2111 号

高校篮球教学与训练探究

责任编辑：肖　楠
项目统筹：李　静
责任印制：冯志强

出版发行：	中国戏剧出版社
出 版 人：	樊国宾
社　　址：	北京市西城区天宁寺前街 2 号国家音乐产业基地 L 座
邮　　编：	100055
网　　址：	www.theatrebook.cn
电　　话：	010-63385980（总编室）　　010-63381560（发行部）
传　　真：	010-63381560

读者服务：010-63381560
邮购地址：北京市西城区天宁寺前街 2 号国家音乐产业基地 L 座

印　　刷：	天津和萱印刷有限公司
开　　本：	787mm×1092mm　1/16
印　　张：	11.25
字　　数：	210 千字
版　　次：	2025 年 1 月　北京第 1 版第 1 次印刷
书　　号：	ISBN 978-7-104-05631-7
定　　价：	68.00 元

版权专有，违者必究；如有质量问题，请与出版社联系调换。

前　言

篮球是我国"三大球"中基础最好、综合实力最强的运动项目，具有广泛的群众基础、市场基础，具备较高的竞技运动水平。职业联赛稳步发展、青少年篮球培训和竞赛市场持续火爆，对于促进体育运动全面均衡发展，实现体育强国梦，绘就中华民族伟大复兴的蓝图具有重大意义。

篮球又是一种游戏，它在特殊的规则限制下，以特殊的形式和方法、手段进行集体的攻守对抗，经过一百多年的发展历程，逐步地演进为现代竞技体育项目。作为竞技项目，它通过强者之间的对抗与拼斗，显示生命活力，培养人们顽强的意志、勇敢的作风、集体主义精神，并使人们树立克服困难、一往无前夺取胜利的信念。作为文化，它的价值在于它有特殊的感染力，不断给人激励和鼓舞，使人受到启迪，起到以事论史的作用。作为体育科学的学科课程门类，它不仅以全面系统的科学理论基础深层地解析篮球运动的本质，而且能给人以处世哲理的启示，并能提升人的智力与能力。现代的篮球运动更是集现代化科学、教育学、人文学、社会学，以及各类自然科学于一体，成为一门多学科交叉的多元化的新型运动学科。

篮球运动备受当代大学生追捧，这是因为这项运动具有极强的对抗性、趣味性和公平性。另外，参与篮球运动可以帮助学生提升身体素质，符合国家推行素质教育的要求。篮球运动有诸多优点，因此已成为高校体育教学中不可或缺的重要课程。在新时代背景下，进行篮球教学改革会产生多重积极影响，对高校教育有着广泛而深远的意义。随着国家整体实力的不断提升，各个领域对高素质人才的争夺也变得越来越激烈。各教育机构越来越重视大学生的专业教育和身体素质培养，再加上国家对高校体育教学改革的支持和推动，体育教育在高等教育中的作用愈发重要。在体育教学体系中，篮球教学是非常重要的一部分。篮球运动不仅有益于提升学生的身体素质，还能够培养学生的合作意识和团结精神。然而，在实践中篮球教学改革面临诸多挑战。因此，根据篮球教学的现实状况，探讨有效的教学改革策略能起到积极的作用。高校应该对此给予高度重视，为学生身体素质的提升，以及篮球教学质量的提高做好充分准备。本书主要就新时期我国高校篮球教学改革现状和路径展开研究。

目前，高校体育课程中，篮球课程及技战术的教学工作有着举足轻重的作用，高校开设篮球课程也是实现体育教育目标的一个重要途径。在当代高校校园中，篮球运动受到了广大大学生的欢迎，很多高校建立了内容科学、形式活泼、可塑性强、功能链长的篮球课程，尤其是中国大学生篮球联赛建立以来，高校篮球教学的质量显著提高，影响面也不断扩大。需要指出的是，部分高校在篮球课程教学过程中出现了一些问题，如课程体系不完善、重实践轻理论、课程内容陈旧、文化基础薄弱、教学与训练缺乏科学的指导等。在这种情况下，就需要专家和学者们尽快丰富高校篮球课程的相关理论，以指导高校篮球课程教育实践的开展。

虽然学校篮球教学与训练工作已经步入正轨，完善的教学理论、科学的训练方法体系已经成型，但是纵观篮球教学与训练的整体发展，我们也应该清晰地认识到，篮球教学与训练仍然存在一些问题。篮球教学依然固守传统的教学方法，教师依然是篮球课堂教学的主导，学生的自主学习意识被忽略了，学生大多数情况下只能被动地接收教师传达的知识，自主学习意识与创新能力的培养受到了限制。另外，篮球运动是一项团体活动，训练一致才能保证篮球教学有效性的实现，才有利于学生团队意识的培养。目前的篮球教学方法过于陈旧、不合理，依然围绕着达标与考试进行，未能根据时代要求与学生需要进行创新。篮球的训练过程是一个比较枯燥的过程，学生很容易丧失训练兴趣，甚至可能会出现厌学的现象，当前篮球训练虽然比以前更加系统、科学，但不可否认的是，训练过程中仍存在一些问题，如训练方式缺乏趣味性，使课堂教学很容易失去活力。为了解决这些问题，学校需要大力进行教学改革，进一步创新训练方法，研究者应该加大对篮球教学与训练的研究力度，拓展研究的范围，为篮球教学与训练贡献一份力量。

本书以高校篮球教学为研究对象，首先对篮球运动的发展概况进行了深入分析，同时对高校篮球教学与训练理论进行了详细论述，介绍了一些科学教学理念及新型教学模式；随后重点对高校篮球基础训练、体能训练、心理训练以及高校篮球技术基础、高校篮球进攻技术的教学与训练、高校篮球防守技术教学与训练、高校篮球移动与抢篮板球技术的教学与训练进行了研究；接着对高校篮球战术基础、高校篮球进攻战术的教学与训练、高校篮球防守战术的教学与训练进行了探索；最后对高校篮球人才培养与队伍管理进行了研究，包括不同年龄与位置的篮球运动员培养、高校篮球教练员的培养、高校篮球裁判员的培养以及高校篮球队的管理。

本书具有以下两个特点。

第一，系统性。本书主要研究了不同视角下高校篮球的教学与训练。结构完整，内容丰富，层次清晰，具有较强的系统性。

第二，学术性与实效性。本研究全面审视了我国高校篮球教学，对高校篮球教学进行了多方位、多角度的研究，为我国高校篮球教学的持续发展提供了极为重要的指导。研究过程中注重理论联系实际，既有前瞻性的理论探讨，又有操作性的研究，具有很强的学术性、实效性。

本书从教学、训练、安全营养保健等不同角度详细剖析了篮球教学与训练的相关问题，希望能为当前篮球教学与训练改革提供良好的建议。另外，本书在系统论述理论之外，还提供了大量的训练实践，希望能够帮助读者对篮球教学与训练有一定的了解。希望本书能够为篮球教学与训练改革提供思路。

卢从飞

2023 年 8 月

目　录

前　　言 ··· 001

第一章　篮球运动概论 ··· 001
　　第一节　篮球运动概述 ··· 002
　　第二节　现代篮球运动的发展概况 ································ 016
　　第三节　篮球运动的常识与保障 ···································· 019

第二章　高校篮球教学与训练 ··· 048
　　第一节　高校篮球教学 ··· 049
　　第二节　高校篮球训练 ··· 062

第三章　高校篮球基础训练与身心训练 ································ 075
　　第一节　高校篮球基础训练 ·· 076
　　第二节　高校篮球体能训练 ·· 082
　　第三节　高校篮球心理训练 ·· 089

第四章　高校篮球技术教学与训练 ······································ 096
　　第一节　高校篮球技术基础 ·· 097
　　第二节　高校篮球进攻技术的教学与训练 ····················· 098
　　第三节　高校篮球防守技术教学与训练 ························· 107
　　第四节　高校篮球移动与抢篮板球技术的教学与训练 ····· 111

第五章　高校篮球战术教学与训练…………………………………………116
　第一节　高校篮球战术基础………………………………………………117
　第二节　高校篮球进攻战术的教学与训练………………………………119
　第三节　高校篮球防守战术的教学与训练………………………………129

第六章　高校篮球人才培养与队伍管理……………………………………141
　第一节　不同年龄与位置的篮球运动员培养……………………………142
　第二节　高校篮球教练员的培养…………………………………………151
　第三节　高校篮球裁判员的培养…………………………………………153
　第四节　高校篮球队的管理………………………………………………158

参考文献………………………………………………………………………166

第一章 篮球运动概论

　　篮球运动源远流长，历经岁月沉淀，如今已发展成为一种独具特色的文化现象。如今篮球已经成为高校体育教学内容，通过参与篮球运动，大学生能够锻炼体魄、增强体质。本章对篮球运动的发展史、特征与发展趋势以及现代篮球运动的发展概况和篮球运动的常识与保障进行了介绍。

第一节 篮球运动概述

一、篮球运动的发展史

(一)世界篮球运动的发展历史

现代篮球运动的发展历程大致划分为最初构思—完善建章—宣传推广—立项入世—创新发展五个阶段。

1. 初始探索期(19世纪90年代至20世纪20年代)

1891年,詹姆斯·奈史密斯(James Naismith)发明了篮球运动。詹姆斯·奈史密斯是一名体育教师,他为了解决冬季室外寒冷,学生无法在室外开展体育运动的问题,开始思考如何在室内开展体育教学。他受到儿童扔桃子入竹筐游戏的启发,逐步构思出了一种新颖的游戏方法,即在墙上固定竹筐,从远处向筐内扔球,这一创新性的尝试最终孕育出了篮球运动。篮球运动一诞生,便迅速赢得了广泛的关注,其影响力迅速扩散至全球各地。然而,在篮球运动的初始探索阶段,尚未形成明确而详尽的比赛规则,对参与人数、场地设施规模等方面也未设定具体的限制条件。

之后在赛事实践中,人们根据比赛的实际需求,逐步对场地设备、比赛规则等进行了完善。具体来说,人们首先明确了场地的规格,同时规定了篮筐的位置,将篮筐挂在高柱上。此外,人们还规范了比赛时的动作。

2. 完善传播期(20世纪30年代至40年代)

篮球运动凭借其独特的魅力,于此时段广泛传播至全球各地,深受各国人民的青睐。1932年,国际业余篮球联合会在日内瓦成立,其是国际篮联的前身。该联合会制定了国际篮球球例,明确规定了参赛人数及比赛时长,并对比赛场地进行了优化与区域划分,细化了标识线。同时,也完善了篮球场地材质与设备。

1936年,第十一届奥运会在柏林举办,此次奥运会将男子篮球正式设立为比赛项目。此后,在进攻与防守方面,专有技术动作不断发展,且日益丰富,场上也开始涌现出多种有意识的初级战术配合。技战术内容的出现使篮球运动进入发展高潮。

3. 普及发展期（20 世纪 50 年代至 60 年代）

此阶段，篮球运动在全球范围内得以广泛普及，覆盖近百个国家和地区，各类篮球竞赛活动大量涌现，其中世界篮球锦标赛吸引了无数人的目光，其作为世界篮球的顶级赛事，代表着各个时代的最高篮球水平，成为篮球运动的璀璨明珠。

篮球运动如今已为广大民众所熟知。与此同时，篮球运动的技战术也越来越完善。新的战术不断被发掘并运用到实际比赛中，形成了更为科学、有效的攻防体系。此外，比赛场地、设施及规则也得到了进一步完善，为篮球运动的健康发展提供了有力保障。

4. 全面提高期（20 世纪 70 年代至 80 年代）

在全面提高期，篮球运动员的身高优势愈发凸显，技术运用得到了极大的丰富和发展，团队的战术配合也变得更加紧密和高效。球员的个人身高优势、技术运用和团队的战术配合已经不再是孤立的元素，而是相互融合、相互促进的关系。另外，球员的身体对抗和意识对抗也越来越激烈。因此，高速度、高技巧、高对抗是这一时期篮球运动发展的主要特征。

随着篮球运动在全球范围内普及，越来越多的人开始参与篮球运动，篮球竞技方式呈现多样化趋势，竞技水平亦随之显著提升。随着世界篮球运动的发展与进步，美国、欧洲等国家和地区的球队越来越多，形成了多强争霸的局面。

20 世纪 80 年代中期，篮球竞赛规则对场地进行了再次修改，增设了远投区，因为在远投区投中的球可以计算 3 分，所以也经常被人们称为"三分线"。不过美国职业篮球联赛（NBA）的三分线为 7.2 米，而国际篮球联合会的三分线为 6.75 米。

5. 创新发展期（20 世纪 90 年代至今）

国际奥委会于 20 世纪 90 年代开始允许职业运动员参与奥运赛事，这一决策为美国国家篮球队在第二十五届巴塞罗那奥运会上获得成功创造了契机。这支名为"梦之队"的篮球队，汇聚了众多美国 NBA 职业联赛的优秀球员，他们凭借精湛的技艺，向世界展现了篮球运动的最高水平，赢得了广泛的赞誉和关注，对篮球界产生了深远的影响。自此，世界篮球运动逐步走向智谋化、职业化和产业化，这标志着篮球运动进入第三次发展高潮。

篮球运动在技术动作方面不断创新发展，实用性得到显著提升。与此同时，战术体系日益复杂化，注重实效性，进攻和防守也越来越灵活。运动员在内外攻守区域的分工逐渐模糊，人员站位愈发灵活多变，人盯人防守方式逐渐成为主流。

在攻防两端，高空球的争夺愈发激烈，对篮板球的掌控亦愈发重视。整体而言，比赛的竞技艺术感不断增强，更具观赏价值。

在 2022 年，国际篮球联合会再次修改了篮球规则。这 4 年一改的规则，不仅是一种技术创新，也是对篮球运动发展的正面促进。经过不断修改和完善，国际篮球联合会对篮球运动的进攻与防守速度进行了调整，这要求球员要有更强的身体素质、更高的技术水平。

（二）我国篮球运动的发展历史

篮球运动传入我国的时间可追溯至 1895 年，当时我国最早开展篮球运动的城市为天津，因此人们认为天津是我国篮球运动的发祥地。受不同时期政治、经济、文化和教育等各方面因素的影响和制约，我国篮球运动大致可以分为以下三个时期。

1. 中华人民共和国成立前的缓慢发展时期

在中华人民共和国成立之前，受到各种政治、经济、文化因素的影响，篮球运动在我国未能得到较快发展。回顾这段历史时期，篮球运动在我国基本上处于一种自由发展的状态，缺乏系统规划和有效管理。然而，经过近十年的广泛传播与普及，篮球运动逐渐成了 20 世纪初大、中学校的主流体育活动，并从学校领域逐渐扩展至社会各界。篮球运动得到了初步的发展和传播，并且逐渐开始举办篮球比赛，这也在一定程度上促进了篮球运动的进一步传播和发展。在 1910 年举办的中国首届全运会上，男子篮球被纳入表演项目之列。男子篮球比赛项目于 1914 年被列入竞赛项目之中，并成为第二届全运会的一项正式比赛项目。1924 年第三届全运会上，女子篮球被列为表演项目，1930 年第四届全运会上将女子篮球列为正式竞赛项目。我国男子篮球队曾参加过 10 次远东运动会，并且在 1912 年的第五届远东运动会上夺得了冠军。我国先后派遣篮球代表队参加了 1936 年和 1948 年的第十一届及第十四届奥林匹克运动会。中国篮球协会于 1936 年奥运会期间正式成为国际业余篮球联合会成员。这是我国篮球运动的进步。

20 世纪 20 年代初期，我国篮球技战术水平较低，直到 20 世纪 30 年代后，篮球技术才有了一定程度的发展，现在有更多的传球技巧可供选择，如双手反弹传球、单手勾手传球及单手背后传球。此外，还出现了许多新式投篮方式，如单手抛投、单手背后勾手、带球突破后单手投篮和转身跳起双手向前投篮。运球技术也不断改进，如转换运球方向等。自 1927 年起，采用了五人分区联防战术。

在1930年举行的第四届全运会上,当时上海队采用了人人盯防和快攻的自由式打法,在1935年之后这种打法逐渐被"8"字战术所取代。

这一时期,我国的篮球运动与军队、革命运动还有一定的联系。20世纪30年代后期,在革命根据地许多人民群众以及红军、八路军将士都喜欢并热衷于篮球运动。当时备受瞩目的是贺龙师长和政委关向应亲自组建的"战斗篮球队",以及东北干部主导的"东干篮球队",两支队伍都严格遵守纪律,坚定信念,拥有高水平的体能和无比顽强的斗志,虽然打法泼辣,但是在技术上却显得朴实。这种特点将革命军人的高尚道德和战斗风格得以发挥出来,同时也深深地印刻在了根据地军民心中。在这样的背景和形势下,我国的篮球运动得到了初步发展。

1945年抗日战争胜利后,我国许多城市开始组建篮球队。中华人民共和国成立后,各种体育运动开始在我国流行,群众性篮球运动也开始逐渐普及,这是篮球技术水平迅速提高的关键。

2. 中华人民共和国成立后的普及、复苏时期

中华人民共和国成立后,篮球运动受到政府和领导的高度重视,篮球运动也在学校、工厂、企业、机关、部队、农村等得到了广泛的开展。这些单位都组建了篮球队,有些还在业余时间进行了系统的训练。

1948年中国参加了在英国伦敦举办的第十四届奥运会的篮球项目的比赛,本届比赛共有23个国家参加,最终经过激烈角逐,中国队获得第18名。这个成绩虽不是很理想,但是对于起步较晚的中国篮球来说,让人看到了发展的前景和希望。

20世纪50年代初,中央体训班篮球队在北京成立,这对于我国篮球运动水平的进一步提高具有非常积极的促进作用。1950年12月24日,苏联国家篮球队为加强国际篮球运动的交流,莅临我国北京、天津、上海、南京、广州、武昌、沈阳、哈尔滨8个城市,与当地多支队伍展开了33场比赛,我国篮球队的总体表现不尽如人意,竞技水平有待提升。为了改变这一状况,我国采取了一系列措施。此外,我们还涌现出了众多优秀的篮球运动员,其中包括黄柏龄等杰出人才,他们的出色表现为中国篮球历史增添了绚烂光彩。不久后,几乎每个地区都设立了篮球训练队,中国篮球运动进入了新的发展阶段。

自1955年全国篮球联赛制度开始实行以后,我国篮球运动开始有了具体的训练指导思想,并建立了相对稳定的分级竞赛制度。1956年,我国曾多次召开篮

球训练工作会议,明确提出了"积极、主动、快速、灵活、准确"[①]的训练方针,从这以后,我国篮球运动开始走上了有计划的系统训练,技术水平也得到了极大的提高。在以后举行的篮球比赛中,我国篮球运动员都取得了理想的成绩,并且逐渐形成了自己的独特风格。我国于1959年隆重举办了首届全国运动会篮球比赛。比赛中,四川男子篮球队与北京女子篮球队脱颖而出,分别摘得桂冠。彼时,我国篮球在技战术层面逐渐形成了独具特色的制胜之道,即以"紧逼防守""跳投"及"快攻"为核心战术。经过多年的实践研究,通过对我国篮球运动的发展过程进行深刻分析,并将其与世界篮球运动的实际情况进行比较,从而确定了篮球运动的指导思想。到了1966年,我们已经和国际接轨,并在比赛中击败了许多欧洲的强队,显示出了很强的竞技能力和很好的发展前景。

但是,后来我国的篮球运动再次陷入了低谷,与篮球强国的差距进一步加大。

1972年,我国举行了全国五项球类比赛大会。同年底,篮、排、足三大球训练工作会议在北京召开,会议提出了"积极主动,勇猛顽强,快速、灵活、全面、准确"[②]的技术风格。

1975年,亚洲业余篮球联合会正式授予中国篮球协会合法代表身份。国际业余篮球联合会已经通过一项决议,表示将在未来12个月内恢复中国篮球协会的法律地位,并认可中华人民共和国篮球协会作为中国篮球界唯一的合法组织。我国篮球界自1979年启动改革开放政策后,通过深入改革、强化训练和严格管理等措施,已经步入繁荣的发展阶段。在世界范围和洲际竞赛中,我国篮球队屡创佳绩。然而,到了20世纪90年代中后期,我国的篮球运动整体上呈现出滑坡的状态,具体来说,女篮状态不够稳定,男篮与世界先进水平还有一定差距。

3. 改革创新时期

20世纪90年代中期以后,随着改革开放的逐步深入以及人们思想观念的变化,我国的篮球运动开始进入了市场化的发展道路。在这一时期我国的篮球运动得到了迅速的发展与提高,加快了与国际篮球运动接轨的步伐。

1996年,我国首次举办了男子职业篮球联赛,这标志着改革的大胆尝试和职业联赛的开端。本次比赛邀请了8支球队参赛。不幸的是,这个联赛没多久就因为某些原因被迫中断了。中国篮协认为联赛对于提升国家篮球水平至关重要。为此,中国篮协决定改革联赛的竞赛制度,参考全国男篮甲级联赛的改革,并致

---

① 《球类》编写组:《球类运动 篮球》,高等教育出版社1988年版,第10页。
② 《篮球》编写组:《篮球》,人民体育出版社1979年版,第42页。

力于推进篮球竞赛体制的职业化和商业化进程。另外，中国篮协还进行了一项改革，将中国传统的全国甲级联赛改为中国男子篮球职业联赛（China Basketball Association，CBA），也被称为"中职篮"。在过去5年的改革实践和努力中，我国篮球运动呈现出崭新的活力和生机，充分克服了起步时期的各种困难，同时也展示了更为广阔和光明的发展前景。特别是在球队实力接近、比赛悬念丛生的2000—2001赛季中，涌现出一批优秀的篮球运动员，有效地扩大了中国篮球联赛和中国篮球在世界的影响力。21世纪后，我国篮球运动的产业化发展步伐进一步加快，开始迈出职业化、产业化发展的新步伐。"十四五"期间，中国篮协还将积极推进体教融合，全面提升大学生、高中生、初中生现有赛事的竞技水平，打造新的青少年赛事品牌，普及小篮球运动。创新青少年赛事等级与青少年篮球水平等级认证制度，以积分制为杠杆，发展青少年赛事体系，广泛激励青少年参与篮球运动。大力发展"数字篮球"，为国家队建设、青少年培养、会员发展、协会治理等提供服务支撑。以加强国际赛事建设为重点，创新治理体制机制，激发市场活力，发展职业联赛。加大对协会会员全面扶持力度，通过注册、认证权下放等改革举措向协会会员放权赋能，全面提升协会会员自身实力和社会动员能力。

二、篮球运动的特征与发展趋势

（一）篮球运动的特征

1. 集体性

在篮球运动中，所有技术动作和战术部署的成功执行和精彩展现，都离不开队员间的紧密配合与协同作战。因此，每一位队员的积极态度和主动性，以及全队行动的高度一致性和协调性均显得尤为重要。唯有全队上下一心，全神贯注，将集体的技能与智慧凝聚在一起并发挥到极致，方有可能取得优异的成绩。这充分体现了篮球运动作为一项集体性运动项目的鲜明特点。

2. 对抗性

篮球运动是一项充满激情与活力的对抗性运动，篮球运动最基本的特点就是球员与球员之间有直接的身体接触，攻防激烈。除了身体对抗，篮球运动的对抗性还体现在运动员的心理素质对抗上，在比赛中，球员们需要面对来自对手的强大压力和挑战，甚至需要应对突发状况和意外情况。这就要求球员们具备坚定的意志和强大的心理素质，能够保持冷静、沉着和自信，在关键时刻发挥出自己的最佳水平。

3. 多元性

篮球是我国竞技体育的一个重要组成部分，它具有明显的交叉特征，并呈现出多元化的发展趋势。随着我国篮球运动水平的不断提高，对竞技水平的要求也越来越高。篮球运动的多元性具体表现在：提高生理机能水平、增强团队意识、锻炼心理品质、坚守优良作风、培养人格气质、优化身体形态条件、强化运动素质、深化运动意识、提高专业技术和实战能力等。

4. 变化性

篮球运动是一项讲究速度的运动，要求在极短的时间内完成进攻和防守之间的转换，因此比赛节奏非常快。人们在观看比赛时，常常需要高度集中注意力，精神状态较为紧张。另外，由于篮球运动具有很大的不确定性，如果运动员拘泥于某一种打法，缺少灵活性，将很难在竞争中占据上风。各支球队都要密切注意赛场上的形势，并根据场上情况对自己的战术进行灵活的调整。

5. 综合性

篮球是一项综合性很强的体育项目，涉及了许多学科门类，融合了速度、技巧、力量、智慧及团队协作等多个方面的内容。在实际的比赛中，运动员只依靠一项篮球技术很难获得胜利，更多的是通过各种技术的组合来取得最好的成绩。组合技术的使用表现出多样性和随机性，这是难以预料的赛场形势所致。

6. 教育性

篮球运动的发展历史充分展现了其深厚的教育内涵。篮球运动不仅对提升个体身体素质具有显著作用，而且能够极大地激发人们的爱国热情，从而推动整个社会形成积极向上的精神风貌。在篮球运动中，运动员之间的默契配合是建立在各自的道德和情感基础之上的。队员的责任感和荣誉感是维系团队凝聚力、促进共同奋斗的重要精神力量。因此，篮球运动在培养人的道德品质、爱国精神，激发人的责任感和使命感方面具有重要作用。

7. 职业性

如今，全球职业化篮球已发展成为一个备受瞩目的新兴体育产业，其职业性特征日益显著。从街头巷尾到全球顶级赛事，篮球运动已经逐渐演变成一种集竞技、娱乐、商业于一体的综合性活动。随着篮球运动的不断发展和普及，越来越多的年轻人开始将篮球视为一种职业选择。他们通过专业的训练和比赛，不断提升自己的篮球技能和竞技水平，以期在职业篮球领域取得一席之地。

8. 商业性

在我国篮球运动职业化进程不断加速的今天，篮球职业联赛的普及和深化对我国篮球运动走向商业化发展道路具有重大意义。篮球运动商业化不仅能带动运动服装和篮球器材等产品的销售，而且能使运动员的篮球运动技术商品化。在这样的大环境下，出现了越来越多的篮球俱乐部，这给篮球运动的深入发展带来了新的契机。

（二）篮球运动的发展趋势

1. 球员的体型"大型化"与技术全面化

（1）体型"大型化"

纵观世界篮球运动的历史，篮球运动一直处于发展与变化之中，球队成员的体型越来越大，这使得篮球运动成为一项"巨人游戏"，篮球运动也逐渐要求运动员的身高和体重要均衡发展。当前，世界顶尖男子篮球队伍的平均身高保持在2~2.06米之间；世界顶尖女子篮球队伍的平均身高保持在1.8~1.85米之间。篮球运动员具有明显的体型特点，如个子高、胸宽、手大、腿长、臀小、窄踝，这些体型优势使运动员可以灵活地运用技术。

（2）技术全面化

全面的个人技术，是指篮球运动员在场上具备所有与篮球运动相关的技术能力。这一综合性的技能，是篮球选手在竞争中立于不败之地，以及在任何状况下都能发挥出最好的状态的主要保证。

无球移动技术主要包括空切、跑动、起跳、前后转身、急起急停、闪躲、腾空滞空。这些动作不但对运动员的体能、耐力有很高的要求，而且对运动员的灵敏性、协调能力的要求也很高。凭借着快速、灵巧的无球移动，球员们能够在球场上寻找最好的攻防站位，从而为球队创造更多的得分机会。

除无球移动技术外，持球技术也是一名全能型篮球选手必须具备的基本功。持球技术主要包括切入、投篮、突破上篮、突破分球、背打、抢进攻篮板等。全能型选手要在熟练掌握基本动作的同时，结合比赛实际，灵活应用持球技术。

在篮球运动中，全面的个人技术可以帮助运动员更好地应对不同的挑战与变化。不管是在严密的防守中，还是在突然的进攻中，他们都能很快地作出反应，将自己的技能发挥到最好。所以，对篮球运动员而言，必须不断地提高自身的全面技能。

纵观世界篮坛，优秀运动员几乎都有着出众的身体素质。简单来说，其主要体现在以下方面。

首先，视野宽广，反应迅速。

其次，心肺功能良好，能够适应长时间、高强度的对抗，保持旺盛的精力。

最后，身体素质综合发展，包括耐力、弹跳、力量、灵敏度、速度、协调性、柔韧性等素质，重点突出身体协调性和力量素质。

2.进攻速度加快，节奏分明，更具时效性

（1）快攻的作用更加明显

提高移动速度，加快进攻节奏，以最快的速度完成得分，这就是所谓的"快攻"。快攻是每支球队最常用的，也是必须掌握的一种进攻手段。采取快攻要有两个基本前提，第一个前提是本队在后场篮板方面有绝对优势，能形成很好的控制；第二个前提是采取富有侵略性的防守迫使对方失误，能抢断后就地发起快攻。

快攻往往是在短时间内趁对方立足未稳，迅速发起潮水般的进攻，打得对手猝不及防，不仅让本方快速得分，而且能提高本队士气，给对方带来心理压力。

（2）注重进攻的节奏性

在比赛中，节奏的掌控对球队的进攻有很大影响。事实证明，快攻虽然有其优点，但也有不足之处，比如一直提高进攻速度会导致短时间体能的大量消耗，体能下降后如果进攻还不降速，就很容易出现失误。为此，要确立"该快则快，不该快就要打阵地进攻"的战术方针。

在篮球场上，拥有更多的"球权"十分重要。所谓"球权"，就是本队控球，以获得更多攻击篮筐的机会。从某种意义上来讲，比赛结果的决定因素主要看谁犯的错误少，谁的失误少，谁就更有希望获胜；谁的成功率高，谁的得分自然就高一些。所以，如今世界高水平球队的进攻节奏具有"快而不乱，快中求准，慢而不缓，慢中求变"的特点。

（3）攻守转换更加迅速

在比赛中，防守方通过利用各种机会抢下"球权"快速发动快攻，以及进攻方建立起的失球后就地防守理念，促进了篮球运动中攻守的快速转换。在攻守交接中，各种技术的衔接不仅连贯协调，而且灵活多变、快速及时。

3.对抗性增强，技术、战术、身体、心理和智力融为一体

在高强度对抗下，打好篮球要从以下几方面入手。

第一，发挥思维能力，用头脑与智慧打球。

第二，熟知篮球运动规律，掌握篮球比赛的制胜因素。

第三，做到扬长避短，出奇制胜。充分发挥出本队球员的特长，同时尽量限制对方的技术特点发挥。

第四，适应对手的打法，提高环境适应能力，善于变化，运用多项技战术，做到"兵来将挡，水来土掩"。

第五，具有顽强的意志品质，不论落后多少，局势有多艰难，都要充满信心，做到不急不躁。

第六，行动果断，情绪稳定，该出手时就出手。

第七，胜不骄败不馁，在大比分领先时心态不放松，心理不起变化。

第八，在激烈的对抗中克制好情绪，不要心急，要与对手斗智斗勇。

4.进攻更加多变，防守更具侵略性

（1）主动求变是制胜的根本

篮球比赛的精髓是变化，有变化则主动，无变化则被动。主动变化的原则集中体现在以下方面。

首先，技术运用要随机应变。篮球技术是相对固定的，有着严格的规范和标准，但技术的运用则是不固定的，要根据对手和环境的不同而灵活运用，灵活运用的前提是运动员要有高超的技术能力和球商。

其次，战术运用要灵活多变。篮球比赛有着多种战术，每种战术都有自己的固定流程，但在实战运用中应根据不同的对手灵活安排。在对对手情况有一个大概了解的基础上，部署具有针对性的攻防战术，做到以我为主，用自己的长处去攻击对方的短处。掌握时机，主动求变，经常改变攻防节奏、攻防阵型和阵容配备，让对手感到不适，从而使自己掌握比赛的主动权。

最后，要打出更具观赏性的进攻。精彩的篮球比赛能吸引更多人的关注，受到更多球迷的喜爱，这是推动现代篮球社会化、市场化和产业化的关键。篮球运动形式体现的哲学与美学特点，使篮球运动具有无穷的魅力。

（2）贴身紧逼，主动进行压制

在对抗中，防守队员要做到对盯防人若即若离，当对手运球时要紧贴防守，卡住线路与身位，主动发力对抗，给持球人施加压力，同时要做到全力以赴，坚持到底。

（3）以球为主，人、球、区、时兼顾

在篮球比赛中，不论安排什么样的防守阵型与战术，只要对方把球传出来，防守方的五名球员必须在严密控制盯防对象或盯防区域的情况下，向有球方向靠拢。此外，时间因素也相当重要，单回合进攻所剩时间越少，防守就应该越严密，形成人、球、区、时兼顾的多空间立体防守体系。

（4）防守战术的多变性

多种防守阵型的综合运用能给对手的进攻施加更多的压力，往往能使防守更加主动，防守效率的提升还能对进攻产生带动作用。防守战术的灵活多变可以是防守形式的改变，也可以是防守区域的变化。防守形式包括盯人防守和区域联防，区域联防能改变成 2-1-2、3-2 及 1-3-1 联防等；区域上的防守位置可以改变为全场的、3/4 场的、半场的或 1/4 场的；变化信号可以用手势来布置，也可以用语言来传达。

（5）加强整体协同防守的意识和配合

在篮球比赛中，对一对一的攻防进行对比后，得出的结果是进攻成功率远高于防守成功率，也就是说一对一防守时很难防下来，因此加强整体协同防守的意识和配合是提升防守质量的关键。

常用的防守配合包括防掩护用假换防抢前堵截，防突破用关门复位或补防轮转，防强力中锋用包夹、围守等方法。

5. 强力中锋技术全面，活动范围更广

（1）技术全面

在当今世界篮球赛场上，各个顶级球队的中锋都表现出了出色的个人技术。他们不但进攻方式多样，而且具有高超的防守技术。这些中锋既能在内线进攻对手，也能在较远的距离把球投进篮筐。这些中锋队员身材魁梧、动作迅捷、转身迅速、攻守兼备，他们在赛场上展示出全面的篮球技术。

此外，现代中锋还具备出色的传球和策应能力，尤其是在传球时会互相配合。在一些顶级比赛中可以看到，一些经验丰富的中锋队员在拿到球后并不急于发起进攻，也不急于投篮，而是不断变换脚步试探对手，等待防守者包夹。一旦有两名防守者实施包夹，他们便能适时将球传给处于空位的队友，让其投篮得分。

另外，好的中锋可以通过多种手段来控制比赛的节奏，从而创造出更多的得分机会。有时他们也会加入球队的快速进攻当中，跑动速度并不比防守球员慢多少，充分体现出了当今中锋技术的多样性和综合性。

（2）进攻不受限于位置，里外兼备

一名高水平的中锋，除了能在篮筐下那一小部分空间内活动，还能在三秒区外或者三分线外活动，这样一来，不仅进攻范围变大了，还为外围球员空切、突破、进行区域配合让出了空间，让对方的防守变得更加困难。

（3）团队协作意识突出，担任进攻核心角色

一名好的中锋，除了要有综合的进攻技巧外，还应该有很强的团队合作精神和主动配合的意识。在篮球运动中，中锋起着至关重要的作用。中锋通过与队友在高低位的掩护、挡拆、策应、拉开，给外线队员创造突入篮下或空切到篮下的机会。此外，中锋与后卫的高空配合增多，空中接力、吊拉、补扣等已十分常见。

（4）贴身进攻是一种重要的战术方法

贴身进攻是当今高水平篮球运动中最具代表性的一种战术，也是一种广泛运用于各类进攻技术中的一种战术。这也从侧面反映出了当今篮球运动的发展趋势，那就是中锋不能只在篮下防守，采用单一进攻手段，而要采取更多的进攻方式，以满足高水平比赛的要求。

6.准确率提高，失误率降低

仔细观看比赛视频并对赛事资料进行深度剖析后不难看出，胜方在赛场上呈现出两个明显的优势。首先，胜方的投篮命中率很高，是得分的关键。其次，在空位跑动、团队配合、传球过程中很少出现失误，是保持比赛节奏和避免失分的关键。因此，要想赢得比赛，就需要不断地提高自己的投篮命中率，尽量减少自己在团队合作、传球等方面的失误。

（1）极高的投篮命中率

在篮球运动中，投篮是赢得比赛的关键一环。由于技术和战术的不断创新，在当今世界各大球队中出现了很多优秀的投三分球的高手。他们可以在较远的距离从不同的角度投球，展示出了出色的投篮技巧。现如今，高水平球队间的竞争日趋白热化，而高投篮命中率已是制胜的关键。

（2）动作衔接转换快，判断、运用准确

篮球运动中的技术动作种类繁多，各具特点。在比赛中，每一名选手都必须正确地运用技术动作，只有提高技术动作的准确率，才能使球队掌握比赛的主动权。现代篮球比赛节奏快、对抗性强，许多技术动作都会与其他技术动作组合起来使用，这样不但丰富了竞赛策略，而且提高了竞赛的观赏性与竞争性。

在组合技术动作的运用中，一个动作可和多种动作组合，一个动作又具有不同的变化形式。因此，在动作组合与衔接过程中，必须认真判断，做好不同动作之间的衔接与配合。

（3）在高对抗下进攻手段丰富，变化多，投速快

现代篮球比赛中身体接触司空见惯，防守具有很强的侵略性，防投篮是防守者主要的防守目标与防守重点。在快节奏、高对抗中，若想找出空位投篮的机会是十分困难的，一般来说，投篮出手都是在受到严防死守的状态下进行的。在强对抗情况下，进攻队员大多采取强行推进或利用脚步晃动或时间差出手，或者采用抛投、高打板等相对特殊的投篮方式来躲开对方的防守和干扰。

（4）提高传球的准确率，减少失误

传球是篮球运动中非常重要的一项技术，是梳理全队进攻的纽带。准确而富有创造力的传球不但能降低失误率，而且还能制造出良好的得分时机，促进投篮命中率的提升。相比之下，对后卫队员的传球技术有着更高的要求。

一名好的球员，在做到传球精准的基础上，必须眼观六路，视野开阔，尝试各种传球方式与传球技巧，这样能传出撕开对方防线的精妙传递，能够直接助攻队友得分。

7. 优秀运动员低龄化，运动寿命延长化

纵观世界篮坛，各国运动员都呈现出年轻化趋势，而且运动员的运动寿命越来越长。现在有很多球员在17~19岁时就已经成为明星球员，成为球队的中坚力量，并具有与年龄不相匹配的成熟，具有大将之风。出现这种情况的一个原因是科研的进步促使运动员的训练更加科学，另一个原因是世界篮球职业化进程加快促使运动员成才速度快，运动寿命延长。

现代篮球还有一个特点，就是久经沙场的老将也能保持非常好的竞技状态。我们不难发现，近年来35岁以上的运动员也有非常好的表现，其对胜利的渴望及自身打球的斗志一点也不输年轻人，这是由于他们常年坚持科学化训练，保持良好的生活习惯和生活规律，没有恶习，所以能延长运动寿命。

优秀篮球运动员是篮球运动的财富。他们运动寿命的延长，不仅能让篮球运动更加精彩，给球迷带来更多的快乐，提高篮球赛事的价值，而且可以把他们的篮球精神传承给年轻人，为篮球运动的发展作出伟大贡献。

8. 教练员的训练、管理、指挥能力更加重要

篮球运动与某些单人或双人项目有所不同，它是一种集体项目。在比赛场上，一支标准的篮球队人数为12人，每队均有5名主力运动员参与比赛，其余7人是替补队员。这说明篮球不仅是一项体育运动，更是一项注重团队协作与默契配合的综合运动项目。

在一支篮球队伍中，球员各具特色，他们在技术运用与性格展现上均呈现出鲜明的个性化差异。如何有效整合这些各具特色的球员，构建一支训练有素、战术娴熟且实力卓越的队伍，这无疑是对教练员执教能力、管理能力及随机应变能力的全面考验。教练员应具有较强的职业素质和较强的身体素质。他们要热爱自己的工作，要对篮球事业充满信心；与此同时，也要时刻保持一种积极主动学习的心态，通过自我学习和知识更新，加深对篮球运动内部规律的认识和了解。教练员要充实自己的篮球理论知识，保持平稳的心态，不断提高自己的战术研究能力、技术水平和现场指挥能力。只有在持续提高自身素质和能力的情况下，教练员才能更好地带领队伍前进，从而提高队伍的整体实力。

教练员要做好球队管理工作。针对目前我国篮球运动员年龄偏小、心智不够成熟、容易受外部因素影响等问题，教练员对其进行有效管理是非常重要的。在竞技篮球运动中，做好人比打好球更重要。教练员除了要培养运动员的竞技能力，还要对运动员进行思想教育，引导他们树立正确的观念，在此基础上，培养运动员的协作意识和集体主义精神，提高运动员的道德修养，进而提高整个团队的整体水平。

作为一名教练员，必须具有灵活的随机应变能力及出色的临场指挥能力，才能带领球队取得成功。另外，教练员要熟知自己所带领的球队的整体水平及每个队员的水平，根据球员水平安排球员阵容和战术策略，建立稳定的防守和进攻系统，这是保证队伍获胜的关键。如果赢得了比赛，教练员要谦虚，要鼓励球员再接再厉，不要因为一时的成绩而得意忘形。如果输掉了比赛，也不要气馁，不要批评球员，要对球队的缺点有一个清醒的认识，然后逐步推进队伍的发展。在遇到强敌时，不要畏惧，要满怀信心，激励队员勇于拼搏，展示血性。

9. 向职业化、产业化方向发展

由于我国早已进入市场经济，因此篮球运动的职业化发展是必然趋势。按照市场经济的"游戏规则"，篮球运动可以利用高水平赛事的商品价值和文化价值参与到社会商业活动与文化活动之中，在满足人们的精神需求的同时取得不菲的经济收入，这种运作模式就是职业化。

篮球运动的职业化提出于20世纪90年代。在1992年巴塞罗那奥运会上，美国"梦之队"的出色表演令全世界的体育爱好者感到惊异，加之NBA这一家喻户晓的篮球组织在全球范围内的广泛影响，在20世纪末，世界体坛纷纷掀起职业化发展的浪潮。为适应市场经济体制改革，顺应世界篮球运动的发展，提高篮球运动的魅力与价值，我国在1995年开创了自己的全国篮球联赛。从此，"篮球职业化"这一概念被反复提起,在媒体和学术研究中逐渐兴起,对"篮球职业化"问题的研究成为近年来业内的关注热点。

(1)职业篮球的产生,推动篮球运动快速发展

篮球运动的职业化改革是世界篮球发展的大势所趋。大量实践证明,职业化是市场经济体制下的产物,篮球职业化后具有更大的商业价值,能获得更多的经济利益,给各职业俱乐部和篮球运动员带来丰厚的物质回报,从而促使他们以更高的热忱参与到今后的训练和比赛中,进而对提高篮球运动水平产生刺激作用,推动篮球运动进一步发展。

(2)大力开发篮球产品,加速篮球产业化进程

职业篮球市场化和产业化运作后必然会出现各种篮球产品。从产品的基本特点和使用价值来看,有本体产品、相关实物产品和延伸产品。本体产品包括篮球赛事、篮球健身俱乐部、篮球训练营、品牌、赛事版权等;相关实物产品包括用品、器材和装备等,如篮球、篮球鞋、篮球袜等;延伸产品包括伴随篮球活动而产生的饮食、住宿、旅游,以及纪念品、球星卡等衍生品。

美国NBA的成功运作证明,只有大力开发本体产品,带动相关产品及其延伸产品的产业化发展,加速篮球运动的产业化进程,活跃篮球市场,才能促进篮球运动的快速发展。

第二节 现代篮球运动的发展概况

篮球运动源远流长,历经岁月的洗礼,已经逐步演进为一项多层次、多元化的体育运动。随着时间的推移,篮球运动被赋予了更为丰富的社会性功能,其社会价值亦愈发明显。进入新时代,篮球运动将以更加多样化的模式展现在公众视野之中,展现其独特的魅力和价值。

一、篮球运动进一步普及

在社会与经济迅猛发展的背景下,人们愈发重视工作之余的休闲时光,篮球运动成为越来越多人的选择。篮球运动具有多样化的特点和丰富的社会价值,已然成为一项深受大众喜爱的体育运动。它不仅在全球范围内拥有广泛的影响力,更是大众锻炼身体的重要娱乐活动。

随着网络的发展,篮球运动也进一步拓展了其普及渠道。通过网络平台,人们可以观看篮球赛事直播,了解篮球明星的动态,分享篮球技巧和经验。这种形式的普及,让更多的人有机会接触和了解篮球,进一步推动了篮球运动的发展。

二、学校篮球运动蓬勃发展

近年来,校园篮球运动也呈现出蓬勃的发展态势,无论是在小学、中学,还是在大学,篮球运动都备受关注,吸引越来越多的学生参与其中。随着我国篮球运动的普及与发展,各高校相继加大了对篮球场馆的投入力度,为学生提供了更好的场地与设备。这不但给学生创造了良好的运动条件,而且也让他们对篮球更感兴趣。同时,许多高校也积极组织各类篮球竞赛活动,为学生提供了展现自我的平台。

篮球运动是一项集体运动,其在学生的校园生活中扮演着重要角色。参加篮球运动,不仅可以锻炼学生的体能,还可以培养学生的团队合作能力,增进学生之间的感情。篮球运动可以培养学生的综合素质和能力。通过参加篮球运动,学生能够学会遵守规则,平等、公正地对待比赛,从而增强自身的使命感和责任感。因此,篮球运动在学校教育中具有不可忽视的价值。

值得一提的是,学校篮球运动的发展还得到了社会各界的广泛关注和支持。许多企业和社会团体纷纷投入资金和资源支持学校篮球运动的发展。例如,它们通过组织各种形式的篮球比赛来推动学校篮球运动的普及和发展。

三、篮球运动与高科技相结合

随着时代的进步,篮球运动与高科技的结合日益紧密,高科技的运用使篮球运动打破了传统束缚,以创新的姿态迈向了新的高度,开辟出了全新的发展道路。篮球运动在新时代展示出了新的活力与魅力。在高科技的推动下,篮球在许多方面都有了长足的发展。

首先,在篮球训练方面,现代科学技术为篮球运动员提供了更为科学的训练方式。例如,教练员可以运用运动生物力学、运动心理学等领域的最新研究成果,为运动员量身定做更有针对性的训练方案。另外,运动护具、智能篮球鞋等高科技运动器材,可有效降低运动伤害。

其次,高科技的引入对赛事的实时直播以及观看人数的提升也起到了很大的作用。如今的篮球赛事直播，早已不是单纯的相机录像加解说，更多的是借助虚拟现实、增强现实等高科技手段，让观众有一种身临其境的观赛体验。

最后，高科技手段的运用也加快了篮球运动的普及速度。通过互联网、移动媒体，人们可以方便地获得篮球资讯，掌握最新的篮球赛事情况。与此同时，各类网上篮球游戏与互动平台的涌现，更是引起了青少年的广泛关注，这有力地推动了篮球的发展与普及。

四、篮球运动的商业性、观赏性加强

近几年来，随着社会的进步与经济的发展，篮球运动的商业性与观赏性逐步增强，其影响也随之不断扩大。

从商业角度看，篮球已发展成一条庞大的产业链。从赛事组织到球队赞助，再到篮球用品销售，篮球产业的每个节点都体现出了极大的商业价值。比如，各种大型篮球活动和篮球赛事的成功举办，在吸引众多观众的同时也给企业带来了巨大的收益。另外，随着篮球运动的流行，篮球明星的商业价值也越来越高。

从观赏角度看，篮球具有对抗性强、技术含量高、战术多变等特点。在观看比赛时，观众会被队员展示出的惊人体能和高超技巧所吸引，他们的每次进攻、防守、配合，都富有创造性。在观看比赛的过程中，观众可以感受到运动员顽强拼搏、团结协作的精神。

另外，篮球运动的商业性和观赏性是有一定联系的。篮球运动的商业价值与社会发展紧密相连，呈现出动态变化的趋势。篮球运动的商业性与观赏性相互促进、相辅相成。从某种程度上讲，篮球运动的商业价值提升，相应地，其观赏性也会日益持久稳固。这是新时代篮球文化发展的必然趋势和产物。在这样的背景下，观众也能够获得更高层次、高质量的视觉体验。

五、世界篮球运动构成了新格局

篮球运动的普及不仅让更多人享受到了运动带来的快乐，更在深层次上影响了人们的生产生活，形成了独特的篮球文化。自篮球运动传入我国以来，历经百余载的沧桑变革，它已经从一项简单的竞技游戏发展成为富有深厚内涵的体育运动。

在当今世界篮球运动水平日益提高的背景下，世界篮球运动的竞争日趋激烈。世界各支球队在技战术、体能和心理素质上都做了较深层次的研究和训练，以期在奥运会上获得更好的成绩。这一激烈的竞赛局面，不但促进了我国篮球运动的迅速发展，而且还促进了不同国家间的文化交流和融合。随着篮球文化的发展，人们对这一项目的重视程度也在不断提高。不管是专业的篮球运动员还是业余的篮球运动员，每个人都在球场上挥洒着汗水，追逐着梦想。打篮球不但能强身健体，还能培养人的团队精神、竞争意识和顽强的意志。同时，篮球也具有一定的社会价值。它对各国的体育事业起到了积极的推动作用，并带动了相关行业的蓬勃发展。同时，篮球运动还为社会创造了大量的就业岗位，促进了经济的发展。

第三节　篮球运动的常识与保障

一、篮球运动的场地、器材与装备

（一）场地

1. 比赛场地

一般篮球场地的地面平整，而且有一定的硬度，可以保证运动员在剧烈运动中的稳定性，也可以最大限度地避免受伤。常见的篮球场有水泥硬地、塑料地、木板地。正规篮球场的大小是根据国际篮联的规则制定的。一般而言，篮球场的长为 28 米，宽为 15 米。

2. 限制区

限制区是比赛场地上两底线旁的一个长方形区域，它由端线、延长的罚球线和起自端线（外沿距离端线中点 2.45 米）终于延长线外沿的线所限定。除了端线外，这些线都是限制区的一部分。

（二）器材

1. 篮球架

篮球架设立在两条端线中间，有 2 个，每一个篮球架包括一块篮板、一个篮圈、一个篮网、一个篮球支撑构架和相应的包扎物。

2. 篮板

在现代篮球赛事中，普遍采用优质的透明材质制成篮板（在要求相对较低的篮球运动中，一般用木质材料制成篮板，对于一级和二级等高水平比赛，一般用强化安全玻璃充当篮板）。篮板不能是拼接的，表面要平整且无反光现象。篮板横宽 1.80 米（最大多出 30 毫米），竖高 1.05 米（最大多出 20 毫米）。

3. 篮圈

篮圈位于篮板靠下的位置，这样方便运动员在投篮时观察与瞄准。为保证篮圈稳定，使篮球架在比赛中不会发生摇晃、倾斜等现象，需将篮圈顶沿平放。如果篮圈顶沿倾斜，投篮就会变得更加困难。此外，篮圈距地面的高度也有严格的规定，即 3.05 米。一般而言，篮圈由结实的金属材料制造而成，这保证了篮圈的耐用性及稳定性。另外，为了减小碰撞时的摩擦，增加投篮的命中率，篮圈的表面通常需要进行特殊处理。

4. 篮球

目前，皮革是篮球的主要表层材料，还有一些篮球是由橡胶材料制成的。球体为圆形，充气到使球从大约 1.80 米的高度（从球的底部量起）落到比赛地板上，反弹起来的高度在 1.20～1.40 米之间（从球的顶部量起）。

在正式比赛中所使用的篮球根据性别分为两类：男子篮球比赛统一用 7 号球，其圆周尺寸为 749～780 毫米，重量则介于 567～650 克之间；而女子篮球比赛则用 6 号球，其圆周尺寸为 724～737 毫米，重量则在 510～567 克之间。

5. 其他器材

除了篮球架、篮板、篮圈、篮球等器材，在篮球比赛中还需要一系列辅助器材和仪器来确保比赛的顺利进行。例如，24 秒计时钟和电子时钟是篮球比赛中必不可少的计时设备。电子时钟用于记录比赛的总时间，确保比赛在规定的时间内进行。而 24 秒计时钟则是针对进攻方设定的时间限制，防止球队长时间持球不攻。随着科技的不断进步，篮球比赛中的辅助器材和仪器也在不断更新换代。全角度摄像装置和高倍速慢动作回放设备就是其中的代表。这些先进的设备全方位地记录和展示了比赛的全过程，使观众可以从不同角度、不同速度观看比赛的精彩瞬间，增加了观赛的乐趣和互动性。

（三）运动服装

在比赛时，运动员要穿统一的队服，并且上衣要塞入短裤内。参赛球队需准备一套深色参赛服装和一套浅色参赛服装。一般主队穿浅色服装，客队则穿深色服装。另外，若某方球队拥有传统的队服颜色，经双方协商一致后，可调换参赛服装颜色。

另外，球衣上要有数字，便于与其他队员区分开。一般情况下，球衣编号为4~15（包括4和15）之间的数字。

（四）其他装备

由于在篮球运动中球员之间有许多身体对抗，因此对于球员身上佩戴的物品也有严格的要求，如不允许比赛中使用由皮革、塑料、软塑料、金属或任何其他坚硬物质制造成的用以保护手指、手腕、肘或前臂部位的护具。如果因为面部五官受伤佩戴必要的面具、伤鼻保护器、运动眼镜、运动贴布及头带等物品是被允许的。

二、篮球竞赛的组织、编排与规则

（一）篮球竞赛的组织

1. 组织篮球竞赛的要求

（1）遵循篮球竞赛的客观规律

在确定比赛日期时，一定要以上级体育机构制订的比赛方案为主要参考，避免与上一级比赛的时间出现冲突。举办高层次的比赛，要充分考虑气候条件和地理位置，还要充分考虑比赛规模、比赛组织方式、比赛实施方式等方面的内容。组织比赛的最终目的是提高运动员的素质，促使运动员健康发展，进而达到"以赛促练、以赛促赛"的良好局面。

（2）提供篮球竞赛的良好环境

篮球竞赛的举办需要满足两个最重要的基础条件，即场地设施和一定数量的观众。尤其是在组织国际性的篮球竞赛时，一定要把控好对场馆设施的设置，一定要遵守相应的规则和要求。为保证比赛的顺利进行，组织方要为运动员提供更好的服务，如提供食宿、安排交通等。

（3）确保篮球竞赛的总体质量

除了有良好的外在条件支持，竞赛得以顺利开展的内在条件也不容忽视。高素质、高效率的竞赛队伍能够保证篮球竞赛高质量完成。完善的规章制度也是保证篮球竞赛的公平性、公正性的重要因素。

（4）最大限度地发挥篮球竞赛的价值

篮球竞赛具有多种价值。篮球竞赛是促进我国篮球运动普及和发展的重要力量。通过观看篮球竞赛,人们的生活会变得更加多姿多彩,同时组织篮球竞赛有助于推动我国的精神文明建设。

2. 篮球竞赛的组织

(1) 竞赛前的准备工作

在篮球竞赛开始前主要是一些比赛的准备工作,要制订出篮球运动的组织竞赛计划和实施计划。篮球比赛能否顺利进行,赛前准备工作十分重要。在比赛前,应根据篮球比赛的规模和特点,成立相应的办事机构,包括建立竞赛组织机构、确定组织方案、编制竞赛规程和拟订具体工作计划等,明确各类人员的分工和职责。

①建立竞赛组织机构

组织篮球竞赛,首先要成立相应的筹备委员会,也就是竞赛开幕后的组委会,它对竞赛的全过程起组织领导作用。然后再设立具体的工作小组。这些工作小组负责整个竞赛过程中的各项具体事务,协助领导小组完成竞赛任务。凡是与竞赛有关的事务,都要有相应的部门或人员负责管理。

②制订竞赛组织方案

篮球竞赛的领导小组要对竞赛的任务、规模、水平,承办单位的硬件、软件质量,组织竞赛经费等情况有全面的了解,并且要本着实事求是、精简高效和勤俭节约的原则,对竞赛期间各项活动内容、各项收支作出计划、安排、预算。

③编制竞赛规程

竞赛规程是保证竞赛顺利进行的指导性文件,是竞赛的组织者和参与者都必须遵守的章程,是竞赛过程中一切活动的依据。竞赛所需要的一些特殊的规定也要写入规程。规程一经审定,就应保证其严肃性和权威性。竞赛规程应提前下发有关单位,以便各参赛单位做好赛前准备工作。

④拟订工作计划

各个工作部门建立后,应根据整个竞赛组织工作各阶段的进行顺序,按照不同分工,分别拟订具体的工作计划,明确任务与分工。

(2) 竞赛期间日常工作

竞赛期间,从比赛开幕到闭幕,所有工作都要在领导小组的领导下进行,为保证比赛顺利进行而努力。

①比赛管理

仲裁委员会要妥善处理赛场上出现的各类纠纷和申诉,并及时将仲裁结果报告各有关部门和参赛队。

竞赛部门要经常与各队联系，定期召开领队或其他会议，处理和解决有关问题；遇到特殊情况需要更改竞赛场地、日期和时间，须及时通知各队；及时登记公布比赛成绩，遇有淘汰赛和交叉赛时应及时将对阵表下发各队。

组织裁判员每天开好准备会和小结会，及时总结，努力提高执裁水平；安排好第二天的工作。

场地部门要对场地、设备、器材进行例行检查，并及时作出必要的维护和修理。

总务部门要听取各队对生活、交通等方面的意见，及时改进；加强医务监督，及时处理伤病事故；做好赛场、住地的安全保卫工作，保证比赛顺利进行。

②非比赛管理

竞赛期间，一些非比赛活动的管理得当与否会对整个竞赛产生很大的影响。涉及各工作部门的非比赛活动需要进行组织管理的工作主要包括以下几方面：赛事服务的管理、赛场观众的管理以及开幕式、闭幕式的管理。

③竞赛后的结束工作

竞赛后的结束工作主要包括：负责编制和印发总的比赛成绩表、某些单项技术评比名次和其他一些获奖名单；组织召开闭幕式，宣布比赛成绩并颁奖；办理参赛队伍的离会手续、交通安排等事宜；做好比赛器材设备的整理工作，并组织相关人员对比赛相关技术资料进行处理和归档；对竞赛的收支进行财务决算；进行竞赛工作总结，为组织高一层次的队伍选拔和推荐人员。

（二）篮球竞赛的编排方法

1.循环编排法

篮球竞赛的循环编排法，是一种确保各参赛队伍在整个竞赛或同一组竞赛中均能相互对阵，并最终依据各队胜负场数及计分规则确定名次的科学方法。循环编排法有三种形式，分别是多循环、双循环、单循环。其中，多循环则指每队能与其他队伍进行两场以上比赛的竞赛方式；双循环是指每队与其他队伍均能进行两场比赛的竞赛方式；单循环是指每个参赛队伍均与其他队伍各进行一场比赛的竞赛方式。在竞赛时间有限、参赛队伍较多时，常采用分组循环的方式进行竞赛，即将参赛队伍划分为若干小组，每组内部进行单循环比赛。

（1）循环法的编排

单循环比赛的总场数为 $N(N-1)/2$（N 为参赛队数）。

单循环比赛的总轮数：若参赛队数为奇数，则比赛轮数等于队数；若参赛队数为偶数，则比赛轮数为队数减去1。双循环比赛的总场数和总轮数比单循环增加一倍。

传统的编排方法是，无论参加比赛的队数是单数还是双数，都按双数编排，只不过如果参赛队数是单数，则在队数后面加一个"0"号，使总数成双。将成双的号数一分为二，前一半号数自上而下写于左边，后一半号数自下而上写于右边，两两对应相连，就是第一轮比赛的编排。凡与"0"号相遇的队就是轮空队。第一轮排定后，后面几轮的编排是以前一轮的"1"号位置固定不动，其他号码逆时针方向轮转一个位置，再两两相连，就组成整个比赛的轮次表。

在这种编排中，如果比赛队数是单数的话，要注意一个问题，即抽到 $N-1$ 号的队，从第四轮起都将和前一轮轮空的队比赛。而且，N 数越大，抽到 $N-1$ 号的队的比例也越大。显然，这对 $N-1$ 号的队是很不合理的。

有人通过研究，采用了一种新方法，以减少单数队循环中的不合理问题，即将原来第一轮次中的"0"号移到右边最下的位置，其他几个号码分别上移一个位置。然后，以"0"号位置固定不动，其他号码每一轮都逆时针方向轮转一个位置，两两相连，组成一种单数队循环比赛新的轮次表，大大避免了分组不均衡的情况。

（2）循环法的号码位置排定

比赛轮次排定后，各队进行抽签，抽签后按号码代入轮次表中，再把各轮次的比赛编成比赛的日程表。

在进行分组循环比赛时，首先要把分组的办法确定下来，通常采用的分组办法有三种：第一种是按上一届竞赛中的名次进行分组，即蛇形排列的方法。第二种是先协商确定种子队（种子队数应等于或倍于组数），然后由种子队抽签定组别，再由其他队分别抽组别签和组号签。第三种是全部参赛队一起抽签确定组别和号码位置，然后将各队按号码分别代入相应的各组比赛轮次表中。

（3）循环法的名次排定

采用循环法的竞赛，不是以一场比赛的胜负，而是以在循环中各队的全部比赛胜负来确定名次的。一场比赛的胜负，以积分的形式来表示，胜一场得2分，负一场得1分，弃权为0分。

2. 淘汰编排法

淘汰编排法是一种较为常见的竞赛组织方法，它一般分为单淘汰编排法、双淘汰编排法、多场淘汰编排法。单淘汰编排法和双淘汰编排法是参赛球队在竞赛中失败一场或两场之后，就失去了继续参加竞赛的资格，连续获胜的队继续参加竞赛，直到最后确定优胜队为止。其中，单淘汰编排法是失败一次即失去竞赛资格的方法，双淘汰编排法为失败两次即失去参加竞赛资格的方法。而通常采用的3战2胜、5战3胜、7战4胜的竞赛方法则为多淘汰编排法。

（1）单淘汰编排法

先根据报名参赛的队数，对照 $2n \geq N$ 的关系式，来确定比赛的场数、轮数和号码位置数（N 为参赛队数，n 为大于1的正整数）。

比赛场数 $= N-1$，比赛轮数 $= n$，号码位置数 $= 2n$。

然后由参赛队抽签，确定参赛队在比赛中的号码位置，再按顺序将号码两两相连，列出单淘汰的轮次表。

例如，8个队参加比赛，共要打7场比赛，分3轮进行。

如果参加比赛的队数少于 $2n$，则将2作为号码位置数，但要在第一轮比赛中设若干轮空队，以保证第二轮比赛中不再有轮空队。根据 $2n \geq N$ 的关系，轮空的队数应为 $2n-N$。然后按照轮空位置表定出空号码位置，再由参赛队抽签确定各队的号码位置。

在单淘汰制赛事下只能确定出冠军和亚军，对于其他名次则需要通过附加赛的形式来确定。附加赛的办法是从第二轮起，在同一轮次中，胜队与胜队、负队与负队再进行比赛，直到排出竞赛所需要的名次顺序。

（2）双淘汰编排法

失败两次便失去继续参加比赛资格的编排方法为双淘汰编排法。

双淘汰是为了使在第一轮中失败的队能够有机会继续参加比赛，甚至参加最后争夺第一名的比赛，以减少单淘汰中产生的偶然性结果。

双淘汰第一轮的编排与单淘汰相同，从第二轮起，把失败的队再编排起来比赛，只有第二次失败的队才被淘汰。因而，即使在第一轮比赛中失败的队，只要它在以后的比赛中能够保持不败，就有可能去争夺冠军。不过，如果它在冠、亚军决赛中获胜的话，还必须再赛一场才能最终分出伯仲。

（3）多场淘汰编排法

多场淘汰编排法通常是在比赛水平比较高、双方实力相当或者在竞赛的后阶段比赛中采用的办法。它的编排方法同单淘汰编排法是相同的，但是多场淘汰克服了单淘汰中两队之间交锋一场论胜负的偶然性缺陷，而且采用两队之间3战2胜、5战3胜，甚至7战4胜的结果来定胜负，更加客观实际地反映了参赛队的整体综合实力。

(4) 淘汰法的号码位置排定

采用淘汰法的比赛，号码位置的排定是很有讲究的，较多采用的有以下几种方法。

①完全随意地抽签

这是让参赛队一起抽签确定号码位置的形式。虽然对每个队来说有着相等的机会，但它同时也伴随着强队之间相遇过早而被淘汰的不合理性。

②设定种子队

种子队的设定应该是有根据的，为各队所公认的。种子队的号码位置，可以用两种形式来排定：一种是按种子队的原来名次依次排定在种子位置号码上（种子位置号码是有规律地分布在比赛秩序表中各个不同"区"的顶部和底部）；另一种是让种子队抽签，确定在哪个种子位置号码上。在种子队排好后，再让其他非种子队抽签。

③按照比赛成绩

根据上一次竞赛或本次竞赛前一阶段的名次，以"跟种子"的原理排定位置。

（三）篮球竞赛规则的学习

1. 篮球比赛通则

（1）比赛时间、比分相等和决胜期

第一，比赛应由4节组成，每节10分钟。

第二，在预定的比赛开始之前，应有20分钟的比赛休息时间。

第三，在第1节和第2节（上半时）之间，第3节和第4节（下半时）之间，以及每一决胜期之前，应有2分钟的比赛休息时间。

第四，两个半时之间的比赛休息时间应是15分钟。

第五，比赛休息时间开始于：预定的比赛开始之前20分钟；结束一节的比赛计时钟信号响时。

第六，比赛休息期间结束于：第1节开始，在跳球中，当球离开主裁判员的手时；所有其他节的开始，当掷球入界队员可处理球时。

第七，如果在第4节比赛时间结束时比分相等，比赛有必要再继续一个或几个5分钟的决胜期来打破平局。

第八，如果结束比赛时间的比赛计时钟信号响时，或恰好之前发生了犯规，在比赛时间结束之后应执行最后的罚球。

第九，如果作为此罚球的结果需要一个决胜期，那么在比赛时间结束后发生的所有犯规应被视为在比赛休息期间发生的，在决胜期开始之前应执行罚球。

（2）控制球

第一，当某队一名队员在控制活球中正拿着或运着一个活球时，或可处理一个活球时，球队控制球开始。

第二，当某队一名队员控制一个活球时，或球在同队队员之间传递时，球队继续控制球。

第三，当一名对方队员获得控制球时，或球成死球时，或在投篮及罚球中，球已经离开队员的手时，球队控制球结束。

（3）投篮动作

投篮动作是指队员手中持球，然后朝对方球篮将球投掷入空中；拍，指用手直接把球打向对方球篮；扣，指用一手或双手迫使球向下进入对方球篮。拍和扣也被认为是投篮。

（4）球中篮及其得分值

①定义

当活球从上方进入球篮并停留在球篮内或穿过球篮是球中篮。

当有极少部分的球体在篮圈中并在篮圈水平面以下时，就认为球在球篮中。

②规定

A. 球已进入对方的球篮，对投篮的队按如下计得分：一次罚球中篮计1分；从2分投篮区域中篮计2分；从3分投篮区域中篮计3分；在最后一次或者仅有一次的罚球中，球触及篮圈后，在球进入球篮之前被一名进攻队员或者防守队员合法触及，中篮计2分。

B. 如果队员意外地将球投入本方球篮，中篮计2分，登记为对方队的场上队长名下。

C. 如果队员故意将球投入本方球篮，这是违例，中篮不计得分。

D. 如果队员使球整体从下方穿过球篮，这是违例。

E. 为了使队员在掷球入界获得球权时，或者最后一次，或者仅有一次罚球后抢篮板时可以尝试投篮，比赛计时钟必须显示0：00.3（3/10秒）或者更多。如果计时钟显示0：00.2或者0：00.1，唯一的投篮方式就是拍球或者直接扣篮得分。

（5）掷球入界

①定义

由界外掷球入界队员将球传入比赛场地内时，掷球入界发生。

②规定

执行投掷球入界的队员不应：

A. 超过 5 秒钟球才离手。

B. 球在手中时步入比赛场地内。

C. 掷球入界的球离手后，使球触及界外。

D. 在球触及另一队员前，在场上触及球。

E. 直接使球进入球篮。

F. 在球离手前，从界外指定的掷球入界地点（投篮成功或最后一次罚球成功后，从该队的端线后掷球入界除外），在一个或两个方向上横向移动总距离超过 1 米。然而，只要情况许可，执行掷球入界的队员从界线后退多远都可以。

2. 篮球比赛中的违例

（1）违例

①定义

违例是指违反篮球比赛规则。

②罚则

将球判给对方队员在最靠近发生违例的地点掷球入界，但正好在篮板后面的地点除外，除非本规则另有规定。

（2）队员出界和球出界

①定义

A. 当队员身体的任何部分接触界线上、界线上方或界线外的除队员以外的地面或任何物体时，即队员出界。

B. 当球触及在界外的队员或任何其他人员时；界线上、界线上方或界线外的地面或任何物体时；篮板支撑架、篮板背面或比赛场地上方的任何物体时，失球出界。

②规定

A. 在球出界以及球触及了除队员以外的其他物体而出界之前，最后触及球或被球触及的队员是使球出界的队员。

B. 如果球出界是由于触及了界线上或界线外的队员或被其所触及，是该队员使球出界。

C. 在争球期间，如果队员移动到界外或他的后场，一次跳球情况发生。

（3）运球

①定义

A. 运球是指一名队员控制一个活球的一系列动作：掷、拍、在地面上滚动球或者故意将球掷向篮板。

B. 当在场上已获得控制活球的队员将球掷、拍、滚、运在地面上，或故意将球掷向篮板并在球触及另一队员之前再次触及球为运球开始。当队员双手同时触及球或允许球在一手或双手中停留时运球结束。在运球的时候球可被掷向空中，只要掷球的队员用手再次触击球之前球触及地面或另一队员。当球不与队员的手接触时，队员可行进的步数不受限制。

C. 队员意外地失掉并随后在场上恢复控制活球，被认为是漏接球。

D. 下列情况不是运球：连续地投篮；一次运球的开始或结束时漏接球；从其他队员的附近用拍击球来试图获得控制球；拍击另一队员控制的球；拦截传球并获得控制球；只要不发生带球走违例，将球在两手之间抛接并在球触及地面前允许在一手或者两手中停留。

②规定

队员第一次运球结束后不得再次运球，除非在两次运球之间由于下述原因他已在场上失去了控制活球。

A. 投篮。

B. 球被对方队员触及。

C. 传球或漏接，然后触及了另一队员或被另一队员触及。

（4）带球走

①定义

A. 当队员在场上持着一个活球，其一脚或双脚超出本规则所述的限制，向任一方向非法移动是带球走。

B. 在场上正持着一个活球的队员用同一脚向任一方向踏出一次或多次，而其另一脚（称为中枢脚）不离开与地面的接触点时是旋转（合法移动）。

②规定

A. 对在场上接住活球的队员确立中枢脚：双脚站在地面上时，一脚抬起的瞬间，另一脚成为中枢脚；如果一脚正触及地面，该脚成为中枢脚；如果双脚离地后队员双脚同时落地，一脚抬起的瞬间，则另一脚成为中枢脚；如果双脚离地后队员一脚落地,则该脚成为中枢脚;如果队员跳起并双脚同时落地停止,那么,哪只脚都不是中枢脚。

B. 对在场上控制了活球并已确立了中枢脚的队员的带球行进规定如下。

a. 双脚站在地面上时:开始运球,在球出手之前中枢脚不得抬起;传球或投篮,队员可跳起中枢脚,但在球出手之前任一脚不得落回地面。

b. 移动时:传球或投篮,队员可跳起中枢脚并一脚或双脚同时落地。但一脚或双脚抬起后在球出手之前任一脚不得落回地面;开始运球,在球出手之前中枢脚不得抬起。

c. 停止时哪只脚都不是中枢脚:开始运球,在球出手之前哪只脚都不得抬起;传球或投篮,一脚或双脚可抬起,但在球出手前不得落回地面。

C. 队员跌倒、躺或坐在地面上的规定如下。

a. 当一名队员持球时跌倒和在地面上滑动,或躺、坐在地面上获得控制球是合法的。

b. 如果之后该队员持球滚动或试图站起来是违例的。

(5)3秒违例

①定义

当某队在前场控制活球并且比赛计时钟正在运行时,该队的队员不得在对方队的限制区停留超过持续的3秒钟。

②规定

A. 队员在下列情况下应被默许:他试图离开限制区;他在限制区内,当他或他的同队队员正在做投篮动作并且球正离开或恰已离开投篮队员的手时;他在限制区内已接近3秒钟时运球投篮。

B. 为证实队员自身在限制区外,他必须将双脚置于限制区外的地面上。

(6)被严密防守的队员

①定义

一名队员在场上持球,这时对方队员采用积极的防守姿势,距离其不超过1米,则该持球队员在被严密防守。

②规定

一名被严密防守的队员必须在5秒钟内传、投或运球。

(7)8秒违例

当一名队员在他的后场获得控制活球时;在掷球入界中,球触及后场的任何队员或者被后场的任何队员合法触及，掷球入界队员所在队仍拥有在后场的球权，该队必须在 8 秒钟内使球进入该队的前场。

当没有被任何队员控制，球触及前场时；球触及或者被双脚完全在他前场的进攻队员合法触及时；球触及有部分身体在他后场的防守队员合法触及时；球触及有部分身体在控制球队前场的裁判员时；运球队员在后场往前场运球的过程中，球和双脚完全进入前场时，就是球队使球进入该队的前场。

当先前已控制球的同一队由于下列情况的结果被判在后场掷球入界时，8 秒钟应从剩余时间处连续计算：球出界；一名同队队员受伤；一次跳球情况；一次双方犯规；双方球队的相等罚则抵消。

（8）24 秒违例

①规定

A. 当一名队员在场上获得控制活球时；在一次掷球入界中，球触及任何一名场上队员或者被场上任何队员合法触及，掷球入界队员所在的球队依然控制着球，该队必须在 24 秒钟内尝试投篮（一次 24 秒钟内投篮的构成：在 24 秒计时钟的信号发出前，球必须离开队员的手，而且球离开了队员的手后，球必须触及篮圈或进入球篮）；在临近 24 秒钟结束时尝试了一次投篮，并且球在空中时 24 秒计时钟信号响。

a. 如果球进入球篮，没有违例发生，信号应被忽略并且计中篮得分。

b. 如果球触及篮圈但未进入球篮，没有违例发生，信号应被忽略并且比赛应继续。

c. 如果球未碰篮圈，一次违例发生。如果对方队员及时和清楚地获得了控制球，信号应被忽略并且比赛应继续。

B. 关系到干涉得分和干扰得分的所有限制应适用。

②程序

A. 如果裁判员因为不控制球的球队犯规或者违例（不是因为球出界）；因为与任何不控制球的球队有关的正当原因；因为任何与双方球队都无关的正当原因停止了比赛，球权应判给先前控制球的球队。如果掷球入界在其后场执行，24 秒计时钟应复位到 24 秒。如果掷球入界在其前场执行，24 秒计时钟应复位。

然而，如果根据裁判员的判断，对方将被置于不利，24 秒计时钟应从停止的时间连续计算。

B. 如果某队已控制球或双方队都未控制球时，24 秒计时钟错误地发出信号，此信号应被忽略并且比赛应继续。

然而，如果根据裁判员的判断，控制球队已被置于不利，应停止比赛，24秒计时钟应被纠正，并把球权判给该队。

（9）球回后场

①定义

A. 某队前场的活球，当球触及后场时；球触及或者被有部分身体接触后场的进攻队员合法触及时；球触及有部分身体接触后场的裁判员时，球进入该队的后场。

B. 当一个控制活球队的队员在他的前场最后触及进入前场的球，随后他或他的同队队员又首先触及进入后场的球，球已非法回到后场。

注：这个限制适用于在某队前场的所有情况，包括掷球入界。然而，它不适用于队员从他的前场跳起，仍在空中时建立新的球队控制球，然后落在该队的后场内。

②规定

在前场控制活球队的队员不得使球非法地回到他的后场。

③罚则

球应判给对方在他的前场最靠近违犯的地点掷球入界，正好在篮板后面的地点除外。

（10）干涉得分和干扰得分

①定义

投篮或发球时：

A. 开始于：球离开正在做投篮动作的队员的手时。

B. 结束于：球从上方直接进入球篮并停留其中或穿过球篮时；球不再有进入球篮的可能性时；球触及篮圈时；球触及地面时；球成为死球时。

②规定

A. 在一次投篮中，当一名队员触及完全在篮圈水平面之上的球时，并且球是下落飞向球篮中；在球已撞击篮板后，干涉得分发生。

B. 在一次罚球中，当一名队员触及飞向球篮的、触及篮圈前的球时，干涉得分发生。

C. 干涉得分限制适用于：球不再有进入球篮的可能性前；球触及篮圈前。

D. 当在一次投篮、最后一次或者仅有的一次罚球中，当球与篮圈接触时，队员触及球篮或篮板；在一次罚球（随后还有进一步的罚球）后，球有进入球篮的可能性时，一名队员触及球、球篮或篮板时；队员从下方伸手穿过球篮并触及球时；当球在球篮中，防守队员触及球或球篮从而阻止球穿过球篮时；队员使篮板颤动或者抓球篮，根据裁判员的判定，这种手段已妨碍球进入球篮或者使球进入球篮时；队员抓球篮打球时，干扰得分发生。

E. 当球在投篮队员的手中或者一次投篮的飞行中，裁判员鸣哨时；投篮的球在飞行中，结束一节的比赛计时钟信号响时，在球已触及篮圈之后仍有进入球篮的可能性时，队员不得触及球，涉及干涉得分和干扰得分的所有限制应适用。

③罚则

A. 如果一名进攻队员发生违例，不判给得分。将球判给对方队员在罚球线延长线掷球入界，除非本规则另有规定。

B. 如果一名防守队员发生违例，应判给进攻的队。

a. 当球在罚球中出手时，得1分。

b. 当球在2分投篮区域出手时，得2分。

c. 当球在3分投篮区域出手时，得3分。判给的得分就如同球进入球篮一样。

C. 如果防守队员在最后一次或仅有一次的罚球中发生干涉得分违例，应判给进攻队得1分，随后执行防守队员技术犯规的罚则。

3. 篮球比赛中的犯规

（1）定义

①犯规是对规则的违犯，含有与对方队员的非法身体接触或违反体育道德的举止。

②一个队可被宣判任何数量的犯规，不考虑罚则，都要登记犯规者的每一次犯规，记入记录表并按照相应的罚则进行处罚。

（2）圆柱体原则

圆柱体原则的定义为一名站在地面上的队员占据一个假想的圆柱体内的空间。它包括该队员上面的空间，并受下列限定：前面由手的双掌决定，后面由臀部决定，两侧由双臂和双腿的外侧决定。双手和双臂可以在躯干前面伸展，其肘部的双臂弯曲不超过双脚的位置，因此两前臂和双手是举起的。双脚间的距离应依据身高有所不同。

每一队员都有权占据未被对方队员占据的任何场上位置（圆柱体）。这个原则保护队员所占据的地面空间和当他在此空间内垂直跳起时的上方空间。队员一离开他的垂直位置（圆柱体）并与已经建立了他自己的垂直位置（圆柱体）的对方队员发生身体接触，离开他的垂直位置（圆柱体）的队员就对此接触负责。防守队员垂直地离开地面（在他的圆柱体内）或在他自己的圆柱体内把双手和双臂伸展在他的上方，则不必判罚。

（3）防守时的接触原则

当一名防守队员面对对手，并且双脚着地时，他就占据了最初的合法防守位置。合法防守位置是指从地面到天花板，垂直地伸展到他（圆柱体）的上方。防守队员可将其双臂和双手举过头或垂直跳起，但是他必须在假想的圆柱体内使手和臂保持垂直的姿势。

①防守控制球的队员

当防守控制（正持着或运着）球的队员时，时间和距离的因素不适用。每当对方队员在持球队员面前占据了一个最初的合法防守位置（甚至是一瞬间完成的）时，持球队员必须预料到被防守并准备停步或改变方向。防守队员建立一个最初的合法防守位置，必须在占据位置前没有造成接触。一旦防守队员已建立了一个最初的合法防守位置，他可移动以便防守其对手，但不得伸展双臂、双肩、双髋或双腿来阻止控制球的队员从自己身边通过。

判断涉及持球队员撞人或阻挡情况时，裁判员应运用下列原则。

A. 防守队员必须面对持球队员并双脚着地来建立一个最初的合法防守位置。

B. 防守队员为保持最初的合法防守位置，可保持静立、垂直跳起、侧移或后移。

C. 在保持最初的合法防守位置的移动中，一脚或双脚可以瞬间离地，只要该移动是侧向或向后的，而不是朝向持球队员前移的。

D. 接触必须发生在躯干上，在这样的情况下，防守队员将被认为是已经先在接触地点了。

E. 已建立了合法防守位置的防守队员可以在其圆柱体之内转身，以免受伤。

在上述任何情况中，应认为该接触是由持球队员造成的。

②防守不控制球的队员

不控制球的队员有权在球场上自由移动，并占据任何未被另一队员已经占据的位置。

当防守不控制球的队员时，时间和距离的因素应适用。防守队员不能快速靠近或快速地在移动的对方队员的路径中占据一个位置，以致后者没有足够的时间或距离停步或改变其方向。

不少于正常的 1 步，不多于正常的 2 步的距离与对方队员的速度直接成正比。如果一名防守队员在占据最初的合法防守位置中不顾及时间和距离的因素，并与对方队员发生接触，则他对该接触负责。

一旦一名防守队员已经建立了一个最初的合法防守位置，为防守对方队员他可移动，但他不得在对方队员的路径中伸展臂、肩、臀或腿去阻止该队员从自己身边通过。然而，他可以在他的圆柱体内转身以免受伤。

③防守腾空的队员

从球场某地点跳起在空中的队员有权再落回同一地点。他有权落在场上的另一地点，只要在起跳时落地点以及起跳点和落地点之间的直接路径上，在起跳的时间尚未被对方队员占据。如果一名队员已跳起并落地，可是他的冲力使其接触了在落地点之外已占据了一个合法防守位置的对方队员，则该跳起队员对此接触负责。

在队员已跳起在空中后，对方队员不得移动到他的路径上。移动到腾空队员的身下并造成接触，通常是违反体育道德的犯规，某些情况下可能是取消比赛资格的犯规。

（4）比赛中的常规接触方式

①掩护

合法的和非法的。掩护是试图延误或阻止一名不持球的对方队员到达他希望到达的场上位置。当正在掩护对手的队员发生接触时是静止的（在他的圆柱体内）；发生接触时双脚着地，是合法的掩护。当正在掩护对手的队员发生接触时正在移动；在静止对手的视野之外做掩护，发生接触时没有给出足够的距离；发生接触时，对移动中的对手没有顾及时间和距离的因素，是非法的掩护。

如果在静止对手的视野之内做掩护（前面的或侧面的），做掩护的队员可按自己的意愿靠近对手以建立掩护，只要没有接触；如果在静止对手的视野之外做掩护，做掩护的队员必须允许对手向掩护迈出正常的一步而不发生接触；如果对手在移动中，时间和距离的因素应适用。做掩护的队员必须留出足够的空间，以便被掩护的队员能通过停步或改变方向来避免掩护。要求的距离不得少于正常的 1 步，不得多于正常的 2 步。与已经建立掩护的队员的任何接触，由被合法掩护的队员负责。

②撞人

撞人是持球或不持球队员推开或顶动对方队员躯干的非法身体接触。

③阻挡

阻挡是阻碍持球或不持球对方队员行进的非法身体接触。

如果试图做掩护的队员在移动中与静止或后退的对方队员发生接触，则判罚掩护队员一起阻挡犯规。如果队员不顾球，面对着对方队员并随着对方队员的移动而移动他的位置，除非包含其他因素，该队员对所发生的任何接触负主要责任。

所谓"除非包含其他因素"，是指被掩护的队员故意推人、撞人或拉人。

队员在场上占据位置时，把手臂或肘伸在其圆柱体之外是合法的，但当对方队员试图通过时，手臂或肘必须被移到其圆柱体之内。如果手臂或肘是在他的圆柱体之外并发生接触，这是阻挡或拉人。

④用手或手臂接触对方队员

用手触及对方队员，本身未必是犯规。裁判员应判定引起接触的队员是否已经获得了不公正的利益。如果队员引起的接触在任何方面限制对方队员的移动自由，这样的接触是犯规。

抵挡防守队员处于防守位置，并且其手或手臂放置在持球或不持球的对方队员身上并保持接触以阻碍其行进，就发生了非法用手或非法伸展手臂。

反复地触及或"戳刺"持球或不持球的对方队员是犯规，因为这可能会导致比赛时发生激烈争执或肢体接触。

持球进攻队员犯规有以下三点：

A.为了获得不公正的利益，用手臂或肘"钩住"或缠绕防守队员。

B.为了阻止防守队员的防守或试图抢球，或为了在他和防守队员之间创造更大的空间而"推开"防守队员。

C.运球时，用伸展的前手臂或手去阻止对方队员获得控制球。

当不持球的进攻队员为了摆脱去接球，阻止防守队员的防守或试图抢球，扩展更大的个人空间，而"推开"防守队员，这是不持球进攻队员的犯规。

⑤背后非法防守

背后非法防守是防守队员从对方队员的背后与其发生的身体接触。防守队员试图去抢球的事实，不证明从背后与对方队员发生接触是正当的。

⑥拉人

拉人是干扰对方队员移动自由的非法身体接触。这种接触（拉人）可能发生在身体的任何部位。

⑦推人

推人是队员用身体的任何部位强行移动或试图移动控制或未控制球的对方队员时发生的非法身体接触。

（5）侵人犯规

①定义

侵人犯规是无论在活球或死球的情况下，攻守双方队员发生的身体接触的犯规。

队员不应通过伸展手、臂、肘、肩、髋、腿、膝、脚或将身体弯曲成"不正常的姿势"（超出他的圆柱体）去拉、阻挡、推、撞、绊对方队员，或阻止对方队员行进；也不得放纵任何野蛮或猛烈的动作去干扰对方队员。

②罚则

应登记犯规队员一次侵人犯规。

如果对没有做投篮动作的队员发生犯规采用以下罚则。

A. 如果非犯规的队在最靠近违犯的地点掷球入界，则重新开始比赛。

B. 如果犯规的队处于全队犯规处罚状态，则应运用全队犯规（处罚）的规定。

如果对正在做投篮动作的队员发生犯规，应按下列所述判给投篮队员若干罚球。

A. 如果投篮成功，应计得分并追加1次罚球。

B. 如果从2分投篮区域的投篮不成功，2次罚球。

C. 如果从3分投篮区域的投篮不成功，3次罚球。

D. 在结束一节的比赛计时钟信号响时或恰好响之前，或当24秒计时钟信号响时或恰好响之前，投篮队员被犯规了，此时球仍在该队员的手中，并且随后投篮成功，中篮不应计得分，应判给2或3次罚球。

（6）双方犯规

①定义

双方犯规是两名互为对方的队员大约同时相互发生侵人犯规的情况。

②罚则

应给每一犯规队员登记一次侵人犯规，不判给罚球。比赛应按下列所述重新开始。

在发生双方犯规的大约同一时间，如果投篮得分，或最后一次或仅有一次的罚球得分，应将球判给非得分队从端线的任何地点掷球入界。如果某队已控制球或拥有球权，应将球判给该队在最靠近违犯的地点掷球入界。如果任一队都没有控制球也没有球权，一次跳球情况发生。

(7) 违反体育道德的犯规

①定义

根据裁判员的判断，一名队员不是在规则的精神和意图的范围内合法地试图去直接抢球，发生的接触犯规是违反体育道德的犯规。

在整场的比赛中，裁判员必须对违反体育道德的犯规解释一致并只判定其所作所为。

判断犯规是否违反体育道德，裁判员应运用如下原则。

A. 如果一名队员不努力去抢球并发生身体接触，这是一起违反体育道德的犯规。

B. 如果一名队员在努力抢球中造成过分的身体接触（严重犯规），这是一起违反体育道德的犯规。

C. 如果防守队员试图阻止一次快攻，从对方队员身后或侧面与其发生身体接触，并且在进攻队员和对方球篮之间没有防守队员，这是一起违反体育道德的犯规。

D. 如果一名队员正合法地努力去抢球（正常的争抢）发生了犯规，这不是违反体育道德的犯规。

②罚则

A. 应给犯规队员登记一次违反体育道德的犯规。

B. 应判给被犯规的队员执行罚球，以及随后在记录台对面的中线延长线掷球入界；在中圈跳球开始第1节。

应按下述原则判给若干罚球。

如果对没有做投篮动作的队员发生犯规，2次罚球；如果对正在做投篮动作的队员发生犯规，中篮应计得分并追加1次罚球；如果对正在做投篮动作的队员发生犯规，并且球未中篮，追加2次或3次罚球。

C. 当队员被登记2次违反体育道德的犯规时，他应被取消比赛资格。

D. 如果队员在上一种情况下被取消比赛资格，应只处罚违反体育道德的犯规的罚则，不追加取消比赛资格的罚则。

(8) 取消比赛资格的犯规

①定义

队员、球队席人员的任何恶劣的违反体育道德的行为是取消比赛资格的犯规。

已被取消比赛资格的教练员应由登记在记录表上的助理教练员接替。如果记录表上没有登记助理教练员，应由队长（CAP）接替。

②罚则

给犯规队员登记一次违反体育道德的犯规。每当犯规者因违反比赛规则而被取消比赛资格时，应强制其离开赛场。

罚球应判给：

A. 如果是一起非身体接触的犯规，由对方教练员指定的任一名本队队员罚球。

B. 如果是一起身体接触的犯规，被犯规的队员进行罚球。

随后在记录台对面的中线延长线掷球入界，在中圈跳球开始第1节。

罚球的次数应按如下规定：

A. 如果对没有做投篮动作的队员发生犯规，2次罚球。

B. 如果对正在做投篮动作的队员发生犯规，如果中篮应计得分并追加1次罚球。

C. 如果对正在做投篮动作的队员发生犯规，并且球未中篮，2次或3次罚球。

（9）技术犯规

①定义

技术犯规是没有身体接触的犯规，行为种类包括但不限于以下几种。

A. 无视裁判员的警告。

B. 无礼地触碰裁判员、技术代表、记录台人员或球队席人员。

C. 与裁判员、技术代表、记录台人员或对方队员交流中没有礼貌。

D. 使用很可能冒犯或煽动观众的粗话或手势。

E. 戏弄对方队员或在他的眼睛附近摇手妨碍其视觉。

F. 过分挥肘。

G. 在球穿过球篮之后故意地触及球或阻碍迅速地掷球入界以延误比赛。

H. 跌倒以"伪造"一次犯规。

I. 悬吊在篮圈上，致使队员的重量由篮圈支撑，除非扣篮后，队员瞬间抓住篮圈，或者根据裁判员的判断，他正试图防止自己受伤或另一名队员受伤。

J. 在最后一次或仅有一次的罚球中防守队员干涉得分，应判给进攻队得1分，随后执行登记在该防守队员名下的技术犯规罚则。

球队席人员的技术犯规是与裁判员、技术代表、记录台人员或对方队员交流中没有礼貌或无礼地触碰他们的犯规，或是一次程序上的或管理性质的违犯。当出现下述情况时，教练员应被取消比赛资格。

A. 由于自身违反体育道德行为的结果而被登记了 2 次技术犯规时。

B. 由于其球队席人员的违反体育道德行为而被累计登记了 3 次技术犯规。

如果教练员被取消比赛资格，应只采用技术犯规的罚则，不追加取消比赛资格的罚则。

②规定

比赛的正当行为要求双方球队的成员（队员和球队席人员）与裁判员、记录台人员以及技术代表（如到场）有完美和真诚的合作。每支球队都应该竭尽全力去赢得比赛，但是赢得比赛的前提是遵守篮球运动规则，遵循公平竞争的原则。如果故意违反规则或多次出现不合作的态度，就可以被判定为一次技术犯规。对于一些看起来不是故意的、没有对比赛造成直接影响的较小违规，裁判应该予以警告，以防止出现技术犯规。但是，如果在裁判员予以警告之后仍出现相同的违规行为，则裁判员有权作出处理。如果在一场比赛中发生了一次技术犯规，那么这场比赛就应该立刻停止，裁判员应立即将这次技术犯规记录下来。从犯规开始到中止的这段时间内，该规则的效力应该保持不变。

③暴力行为

在比赛中，有可能出现暴力行为。如果出现这种情况，裁判应该马上制止。暴力行为严重时，裁判员可以要求维持治安的安保人员协助制止。无论何时何地，裁判员都有权采取必要的行动及时制止球员之间的暴力行为。任何公然挑衅对方球员或裁判员的球员或球队将被判出局。主裁判员须向竞赛主办单位如实汇报暴力事件的来龙去脉。裁判员有权调用警卫人员处理暴力事件。如果是观众闯入球场并作出暴力行为，那么为了保证参赛队伍和裁判员的安全，安保人员必须马上介入。另外，竞赛主办单位应在竞赛场地的入口、出口、通道、休息区安排警卫人员监督，以防止这些地点发生暴力行为。裁判员必须时刻监督球员及球队席人员的言行举止，不允许他们有任何粗暴的举动，以免造成赛场器械的损毁。如果出现这种情况，裁判应该立刻对违规的一方予以警告。如果再出现这种情况，主裁判员可以立刻判定相关人员一次技术犯规。

④罚则

如果判罚队员技术犯规，应作为队员的犯规登记在该队员名下，并计入全队犯规中；如果判罚球队席人员犯规，应登记在教练员名下，并不计入全队犯规次数中。

应判给对方队员 2 次罚球,并随后在记录台对面的中线延长线掷球入界,在中圈跳球开始第 1 节。

(10)打架

①定义

打架是两名或多名互为对方队的人员(队员、球队席人员)之间的肢体冲突。

注:本条款仅适用于在打架中或在可能导致打架的任何情况下离开球队席区域界限的球队席人员。

②规定

在发生打架事件或任何可能引发打斗的情境中,任何球队席人员如果擅自离开球队席区域,其就失去了比赛资格。

在发生打架事件或任何可能引发打斗的情境中,只有教练和助理教练可临时离开球队席区域,协助裁判维持比赛秩序。所以,他们可以不被取消比赛资格。但是,如果教练或助理教练在离开球队席区域之后没有尽到帮助裁判维护现场秩序的职责,他们应被取消比赛资格。

③罚则

不论由于离开球队席区域而被取消比赛资格的球队席人员的数量有多少,都应给教练员登记一次单一的技术犯规。

如果双方球队的球队席成员在本条规定下被取消比赛资格并且没有留下其他要执行的犯规罚则,比赛应按下列所述重新开始。

由于打架而停止比赛,大约在同一时间,如果投篮得分,应将球判给非得分队从端线的任何地点掷球入界。如果某队已控制球或拥有球权,应将球判给该队在记录台对侧的中线延长线掷球入界。如果任一队都没有控制球也没有球权,一次跳球情况发生。

所有的取消比赛资格的犯规,应按照规定记录,并不计入全队犯规次数中。所有涉及在场上打架的队员或在打架之前发生的任何情况的可能存在的犯规罚则,应按特殊情况处理。

三、篮球运动开展的损伤预防及处理

(一)篮球运动损伤的预防

篮球运动损伤的发生往往源于多种因素,因此预防措施必须全面。为了有效预防并消除潜在的伤害因素，需采取切实可行的预防措施。接下来，将从多个方面深入探讨预防运动损伤的有效方法。

1. 准备活动要科学

为了保证篮球运动的效果与安全性，在运动之前要做好准备活动。准备活动包括一般的热身练习以及为某一特殊的运动项目而进行的专项准备活动。特别要指出的是，准备活动进行到最后时应该和接下来的训练内容密切相关，这样才能保证体能得到最好的调节。对负重大、易损伤的部位，尤其要加大准备活动的强度，以防止出现损伤。另外，对于长期休息的人来说，在重新运动之前，也要做好充分的准备活动，以促进机体功能的觉醒。确定准备活动的内容和强度时，要综合考虑训练内容、个人体质和天气情况，尤其是在训练强度较大和天气寒冷时，更需要做好充足的准备活动。在做准备活动时，要特别注意受伤的部位，防止过度运动造成二次伤害。完成准备活动后，最好隔1～4分钟再进入正式训练。科学的准备活动一般为20分钟左右，或者以身体微微发热出汗为宜。

2. 思想上要高度重视

篮球运动可以使人得到锻炼、体质得到改善、心肺功能得到加强，可以使人团结协作，养成顽强的意志品质。但是，每一项运动都有一定的危险性，篮球运动也不例外。在打篮球的过程中，人们常常被紧张的比赛气氛所吸引，而忽视了对运动伤害的防范，这就有了潜在的危险。为了更好地发挥篮球运动的积极作用，我们需要对篮球运动的目标有正确的认识。打篮球的最终目的之一是通过体育锻炼，使人的身体和心理健康发展。因此，在进行篮球运动时，我们不应只关注比赛结果，更应关注运动过程中的自身安全与健康。为了预防篮球运动损伤，人们首先需要加强对运动损伤的认识。篮球运动中的损伤可能包括扭伤、拉伤、骨折等，这些损伤不仅会影响人们的运动表现，还可能影响人们的日常生活。因此，我们要从思想上重视运动损伤，充分认识到预防运动损伤的重要性。

3. 不在疲劳状态下做大运动量训练

在做篮球运动时，一定要保证运动强度和运动量符合个人的体质条件和训练级别，不要一开始就超负荷运动，而是逐渐加大运动量和运动强度。学习篮球技术动作时，要先学简单的，之后逐渐增加难度。

合理安排运动量，尤其要注意局部负担量和伤后的体育锻炼问题。教练员要注意，在进行大运动量训练后，应有所调整，及时观察运动员的训练反应，发现有疲劳状态产生时，要及时调整运动量和强度，以防运动损伤的出现。

4. 易伤部位需加强训练

为避免出现运动损伤，应有针对性地采取预防措施，强化易受伤部位和薄弱部位的肌肉力量训练和拉伸训练，增强其韧性，这样能够有效预防运动损伤。以膝关节损伤的预防为例，股四头肌和大腿后面的肌群对膝关节有保护作用，因此为了避免膝关节出现损伤，可以多做大腿肌肉力量训练。另外，在进行肌肉力量训练的同时，也需要辅以肌肉拉伸训练，此举可有效预防肌肉拉伤。此外，为预防关节扭伤，需强化关节周边肌肉与韧带的训练，从而加强关节的稳定性。

5. 加强保护和自我保护

运动员必须掌握有效的自我保护技巧。举例来说，当运动员在运动中因重心不稳而即将摔倒时，应立即按顺序作出低头、屈肘、团身等动作，确保以肩背部着地，并适时滚翻，以减轻冲击。在此过程中，运动员应避免出现腕部或手臂撑地的动作，以防止腕部、肘关节等部位扭伤。

运动员在使用器械进行力量训练时，应熟知进行自我保护的方法，并安排专业的人员从旁指导，确保训练能安全进行。

6. 进行医务监督，使用安全合适的设备

经常参加体育运动的人要定期进行详细的身体检查。在参加大型比赛的前后，还要进行补充检查和复查，以便根据体育锻炼者的身体功能状况提出合理的建议。伤病初愈的人应根据医生的意见参加体育锻炼。

在运动过程中，一定要提高自己的警惕性，要注意自己有没有出现疲劳症状（如头晕、乏力等），尤其是运动相关部位的局部反应。如有不适，要及时调整活动量，以保证个人的安全和健康。此外，应养成定期对运动场地设备进行细致检查的良好习惯，确保运动设备不会对训练人员造成伤害。不要在不符合要求的场地运动，或穿不舒适的服饰运动，以免发生意外。

7. 及时治疗运动损伤

许多运动员在出现轻度运动损伤后仍照常训练，以致出现新的损伤，或形成劳损。当然，损伤不严重的时候，是可以坚持训练的，但要注意积极配合治疗，边治边练。也可做一些理疗和按摩。同时，在伤后的训练过程中，应运用支持带和护膝等保护装置，这样可以减轻受伤部位所承受的负担。

8. 严格裁判，禁止粗暴行为

任何违反规则的粗暴行为都会增加损伤发生的概率。因此，裁判员要严格遵守篮球裁判规则，同时在球场上运动员应该自觉遵守篮球运动规则，在正确的规则下避免伤害的发生。

（二）篮球运动常见损伤的处理方法

1. 膝关节半月板损伤处理

原因与症状：在膝关节屈伸过程中若同时伴有膝关节的扭转内外翻动作时，半月板本身就会出现不一致的矛盾活动，使半月板在股骨髁与胫骨平台之间发生剧烈磨损，容易造成损伤。在体育运动中，当膝关节屈曲，小腿固定于外展、外旋位，大腿突然内收、内旋并伸直膝关节时，就可能引起内侧半月板损伤。此外，膝关节突然猛力伸直腘肌腱的前后割裂，可引起半月板前角损伤或半月板边缘分离。半月板损伤表现为压迫性疼痛。可动区域受到限制，膝关节不能伸屈等。

处理方法：急性的，以制动、消肿止痛的冷敷方法为主，严重者要加压包扎2～3周的时间；慢性的，严格避免重复受伤动作，以免再次受伤。

2. 膝关节内侧副韧带损伤处理

原因与症状：膝关节，作为人体中关节面最大、结构最为复杂、杠杆作用最强的部位，由胫骨、股骨、髌骨三部分构成。由于其部位较浅、负重大、稳定性较差，因此易受到损伤。在各类体育运动中，特别是拉伸运动，膝关节都承受着巨大的压力，因此韧带损伤的情况屡见不鲜。膝关节侧方的韧带，特别是内侧胫侧副韧带，由于其特殊的解剖结构，在受到外力压迫或牵引时，一不小心就会扭伤甚至断裂。当膝关节承受外力时，支撑髋关节的韧带可能出现挫伤。伤后，患者通常会感到膝内侧剧烈疼痛，随后疼痛可能逐渐减轻，又立即加重。

处理方法：针对此类损伤，处理时应迅速。伤后应立即用氯乙烷或冰袋局部冰敷，然后用棉花夹板包扎固定，或用海绵、棉花和绷卷做加压包扎，并抬高伤肢以减少出血、肿胀。

3. 大腿肌肉拉伤处理

原因与症状：肌肉拉伤是肌肉过度使用和承受过大压力导致的损伤。根据伤势程度的不同，肌肉拉伤可以分为轻度拉伤（即连接于肌肉上的大部分肌纤维因过度伸展而受伤）、中度拉伤（即部分肌纤维断裂）、重度拉伤（即完全断裂或筋断裂）。在进行剧烈的运动（如跑步、跳跃等）时，大腿肌肉群是最容易拉伤的部位。轻度症状者在运动后不会感到疼痛，但若持续运动，症状将逐渐加重。当症状变得严重时，走路变得十分艰难，皮下可能会出现瘀血，大腿会迅速肿胀，肌肉也可能因为紧缩而变形。

处理方法：如果肌肉微小受损或略有肌纤维撕裂，建议立即进行冷敷，在局部施加压力并使用绷带包扎，同时休息时提高受伤的肢体位置。在受伤后的24～48小时内，可以进行康复理疗和按摩，这对恢复有益。按摩时需注意手法温和，轻柔为宜，针对伤口部位只可轻微地推拿，而对于周围区域，可采取揉、捏、搓等手法进行按摩。若需要，可有针对性地按压穴位，推荐选择接近受伤部位的穴位进行按压。当肌肉部分或全部断裂时，应在伤口周围施加适度的压力并进行适当的固定，随后应立即将患者送往医院接受治疗。

4. 肘关节骨折处理

原因与症状：肘关节骨折一般在牵拉手臂、肘被扭曲摔倒、受到直接撞击时发生。手被拉伸摔倒时肱骨也会发生骨折。前臂及腕关节的骨头也会发生像骨折一样的损伤。肘关节骨折会出现瘀血、肿胀、肌肉痉挛、关节活动异常等症状。

处理方法：止血、绑缚绷带。如症状较严重应立即送往医院进行手术。

5. 腕关节骨折处理

原因与症状：按引起外伤性骨折的暴力性质和方式，可将其分为直接、传达、牵拉和积累性暴力4种。腕关节骨折是指桡骨和尺骨下端的骨折，发生的机制同腕关节受伤有共同点，是由摔倒时掌心触地引起的。腕关节骨折会出现关节活动异常及疼痛、损伤、皮下瘀血、肿胀、肌肉痉挛、畸形等症状。

处理方法：不要轻易挪动躯体或四肢，如果出血则先止血，打120急救电话立即送往医院。

6. 掌指间关节扭伤处理

原因与症状：如果关节活动过度，把与邻近骨头连接固定在一起的韧带撕裂时，就可能造成扭伤，尤其是膝关节、踝关节及手指关节。这主要是由于手指受到侧向的外力冲击或受到暴力作用使关节过伸所致。篮球运动中因手指经常受到球的撞击，或因接球技术动作错误而发生掌指关节扭伤，引起侧副韧带和关节囊的损伤或撕裂，一般多发生在第一掌指关节和其他各指的近侧指间关节，有时伴有撕脱骨折。扭挫伤的典型症状是局部肿胀痛楚、伤处明显压痛、关节屈伸不利、皮肤紫绀，日久失治者常因风寒湿邪反复发作。

处理方法：立即冷敷患部，将伤指屈曲固定，用弹性绷带包住扭伤部位2～4周。

7. 腰背部扭伤处理

原因与症状：急性腰扭伤包括肌肉、筋膜、韧带和椎间关节等软组织的损伤，其中约有 90% 的病例发生在腰骶部及骶、髂关节。腰骶部为人体躯干连接下肢的桥梁，负重大，活动多，在体育运动中遭受外伤的机会最多。腰背部扭伤是由于重力超越了躯干一时所能承担的能力造成的，尤其是当肌肉力量不足，提取重物时姿势不正确或负荷过重时更易发生。脊柱运动一时超越了正常的生理范围，或当技术动作发生错误或疲劳时也容易发生腰背部扭伤。腰背部扭伤分为急性和慢性两种。急性腰背疼痛，会有突然的剧烈痛感，在受力瞬间感到腰像被"截断了"似的痛或听到响声；慢性腰背疼痛是由于身体姿势不正确或疲劳造成的，症状较轻时有酸痛感。

处理方法：腰背部急性扭伤后，可在腰后垫上一个小枕头躺在床上休息，以使肌肉韧带处于松弛状态，同时用冰块冷敷，有助于消除背部肌肉的肿胀及紧绷感。

8. 髌骨劳损处理

原因与症状：髌骨劳损是指髌骨软骨软化症和髌骨张腱末端病两种疾病的总称，它们的症状和原因不同。这种伤在所有运动员中，篮球运动员的发病率最高。篮球运动中，需要运用滑步、防守动作、突然停步、进攻和上篮等技术动作。如果在跳高或跳远等运动中，分配运动量不合理，如提脚动作和突然停步时的最后一步控制不当，可能会增加膝关节的负荷，从而导致损伤的发生。患有初级或较轻的疾病，并且参与高强度训练时，可能会出现膝盖疼痛和膝盖软弱的症状。这种情况通常是因为身体承受了过多的压力，从而导致膝盖部位疼痛和膝盖肌肉萎缩。然而，这些症状往往不会持续很长时间。只要病人适当休息，避免进一步地进行高强度训练，并给予适当的治疗，这些症状通常会缓解或消失。随着病情的恶化，疼痛可能会加剧，并且膝盖肌肉的萎缩也会加剧。这时，病人需要采取更严格的治疗方法，如进行物理治疗或采用药物治疗。在接受治疗和做好准备之后，病人可能会感到症状得到缓解。而当运动结束之后，疼痛会再次加重，休息之后则可能有所缓解。若继续运动会感觉疼痛，并且少数情况下疼痛会严重到行走和静坐皆不舒适。主要症状为在半蹲和走楼梯的时候感到疼痛，有时可能会在半蹲的时候意外坐下或跌倒。膝关节常有不同程度的积液。髌骨周缘有压痛。

处理方法：髌骨劳损属于慢性劳损，运动时应充分做好准备活动，同时绑缚带松紧的绷带。

9. 关节脱位处理

原因与症状：通常在篮球运动的对抗过程中，摔倒时手撑地会引起肘关节或肩关节脱位。关节脱位通常伴有关节囊撕裂，关节周围的软组织损伤或破裂。关节脱位后，关节完全不能活动，甚至发生肌肉痉挛现象，并且伴随着关节畸形，关节内发生血肿。此时受伤关节疼痛，伴有压痛和肿胀症状。如果复位不及时，血肿会激化而发生关节粘连，增加关节复位的困难。

处理方法：应马上用夹板和绷带在脱位所形成的姿势下固定伤肢，如果没有夹板，可用纸板、绷带或布巾，将伤肢固定在本人的躯干或健肢上，防止震动，并尽快送医院治疗。必须注意的是，如果没有把握做好整复处理时，切记不可随意做整复手术，以免加重损伤，增加疼痛。

10. 踝关节扭伤处理

原因与症状：扭伤是一种间接外力所致的闭合性损伤，是在外力作用下使关节发生超越正常范围的活动而造成的关节内外侧韧带损伤。在体育运动中，由于场地不平，以及跳起落地时身体失去平衡等原因，踝关节易发生过度内翻（旋后），引起外侧韧带的过度牵扯、部分断裂或完全断裂。伤后踝关节外侧疼痛、迅速肿胀，并逐渐延及踝关节前部。若距腓前韧带撕裂，关节出现肿胀，致使行走时有痛感，足跟不敢着地，或只能用足的外缘着地，局部疼痛、肿胀；若伤及骨膜，则整个关节肿胀；若伤及皮下血管则出现紫绀，出现关节功能障碍，局部有压痛，牵拉受伤韧带时疼痛加重；若出现关节松动，关节可被拉开或伴有"卡住"感，应考虑韧带完全断裂和其他组织合并损伤。

处理方法：立即冷敷，用绷带加压包扎，在 24 小时以后才可以做轻度活动，在踝关节扭伤 24 小时以后，根据伤情可选用外敷中药、针灸、按摩、药物痛点注射及支持带固定等方法治疗。

第二章　高校篮球教学与训练

高校篮球教学是一项复杂且系统的工程，涉及多个关键要素。为了确保取得理想的教学效果，必须严格遵守篮球教学的内在规律，并灵活运用恰当的教学方法和原则。同时，还应坚持以科学的训练理论为指导，结合高校的实际情况制订切实可行的训练计划。

第一节 高校篮球教学

一、高校篮球教学的任务与目标

（一）增强学生的身体素质

二十大报告中指出，要"广泛开展全民健身活动，加强青少年体育工作，促进群众体育和竞技体育全面发展，加快建设体育强国"[①]。在高校开展篮球教学，不仅可以向大学生传授体育运动技能，而且可以有力地促进大学生身心健康发展。在篮球教学中，通过参与各种形式的练习和比赛，能够明显增强学生的身体素质。良好的身体素质是学生提高篮球技战术水平的基础，因此在高校篮球教学中，教师会注重培养学生的基础体能和身体素质，包括耐力、力量、速度、灵敏性和柔韧性等。通过科学的训练方法和手段，可以全面提升学生的身体素质，为他们在篮球场上发挥出色的表现打下坚实的基础。

（二）提高学生的篮球知识与技能

现代篮球教育包含三大核心内容：理论、技术和战术。因此，在篮球教学中，只有注重对以上三个方面的综合训练，才能使学生更好地掌握基本的篮球知识，从而提高其技术水平。篮球理论知识是技术、战术学习的重要依据，而篮球技术又是实现战术的重要基石。这三个方面是相互依存、互相促进的，是一个有机的整体，所以在教学中应重视对这三个方面的教学。

（三）培养学生的创新意识与能力

篮球运动不仅仅是一项体育竞技活动，更是一项充满创造性的运动，在篮球教学中，教师应注重培养学生的创新思维和创新能力，鼓励学生在训练中尝试新的技战术组合和打法，以提高他们在比赛中的竞争力。

[①] 新华社：《习近平：高举中国特色社会主义伟大旗帜 为全面建设社会主义现代化国家而团结奋斗——在中国共产党第二十次全国代表大会上的报告》(https://www.gov.cn/xinwen/2022-10/25/content_5721685.htm)。

培养高校学生的创新意识与创造能力在篮球教学中具有重要意义。通过引导学生树立创新意识、提供多样化的教学资源和环境以及关注学生的个体差异和兴趣特点，教师可以有效地提高学生的创新能力和篮球技能水平，为他们的未来发展奠定坚实基础。

（四）促进学生的集体精神与良好意志品质的形成

篮球运动是一项集体型的对抗性运动项目，对参与者的意志品质和集体精神提出了较高的要求。篮球教学与竞赛实践能够有效地锤炼学生的意志品质，帮助学生树立正确的价值观。与此同时，篮球教学过程本质上是一种教育过程，它承载着培养人才的重要使命。因此，在篮球教学的每一个环节中教师都应当充分重视对学生集体主义精神的培养，以期在提升学生运动技能的同时，促进其综合素质的全面发展。

二、高校篮球教学的内容

高校篮球教学涵盖诸多方面，针对不同教学目标和层次各异的教学对象，教师应灵活调整教学内容。篮球教学的核心在于引导学生逐步掌握基础理论知识、技术动作要领及战术配合技巧，从而实现提升篮球技能的目标。具体而言，篮球教学的主要内容可归结为以下三大方面。

（一）篮球理论知识

篮球理论知识是篮球学科体系的基础，是正确开展篮球运动的必要条件。篮球理论知识涉及教学训练理论、技战术基础理论、比赛及裁判规则等多种理论知识，这些理论可以指导篮球教学和篮球竞赛顺利开展。

现阶段，我国篮球理论已日臻完善。具体而言，篮球训练理论、篮球教学理论、篮球技战术分析理论、篮球竞赛规则及篮球竞赛裁判法等，构成了篮球课程教学的基础理论框架。这些理论不仅为篮球运动的教学与训练提供了坚实的理论支撑，同时也为篮球运动的健康、有序发展奠定了坚实的基础。

（二）篮球技术动作

在篮球教学过程中，篮球技术动作无疑是最核心且基础的教学内容。篮球技术动作涵盖了球员在比赛中所需的各种基本技能和动作，包括运球、投篮、传球、防守和进攻等多种技术动作。高校体育教师在讲授篮球技术动作时，应规范地示范每个动作，确保所展示的动作符合标准，以促进高校学生篮球技能的稳步提升。

在运球技术上，教师应重点教导学生掌握正确的运球手部动作、运球姿势；投篮技术是篮球运动中最关键的技术，教师要详细地为学生讲解和示范不同位置的投篮动作；传球技术是实现团体合作的关键。在教学中，教师应教给学生不同的传球方法，如击地传球、胸前传球等，并强调传球时的准确性和速度；防守技术是决定比赛胜负的关键，在篮球教学中，教师要加强培养学生的防守意识，传授更多防守技巧；进攻技术包括切入、突破和跑动等，在教学过程中，教师要让学生学会发现进攻的机会，并能灵活地使用不同的进攻技巧，从而达到进球的目的。

总之，这些技术动作不仅对提高球员的竞技水平至关重要，同时也是展现球员个人风采和团队配合能力的重要体现。

（三）篮球战术配合

篮球集体对抗的特点决定了队员之间的协调配合是篮球竞赛的重要手段，在高校篮球课程教学中，战术配合教学也是其中重要的内容之一。这是因为特定的战术布阵是在篮球运动集体对抗中形成的主要形式，战术配合和战术阵式是篮球比赛最为重要的特征之一。

在高校篮球战术配合教学中，其主要内容包括两三人的战术基础配合和整体战术配合。在战术配合教学中要使学生了解人与球移动的路线、攻击点、运用时机及其变化，教师要通过一些行之有效的、合理的教学方法来促使学生形成正确的认识。对于学生战术协作意识和战术配合的培养，教师也要予以充分的重视，以保证学生能够在篮球比赛中对相关战术加以灵活运用。

三、高校篮球教学的专项原则

教学原则，即为开展各类运动教学与训练所务必恪守的基准规范。篮球教学原则作为篮球教学实践的结晶，深刻地反映了篮球教学的基本规律与专项特色。篮球教学原则是篮球教师开展教学工作的重要指导，在篮球教学活动的全过程发挥着重要作用。在进行篮球教学时，体育教师除了要严格遵循基本的教学原则之外，还要考虑篮球技术本身所具有的对抗性和开放性。因此，只有遵循篮球教学的专项原则，才能保证篮球教学的科学性和有效性。

（一）技术教学与实践运用相结合原则

由于篮球运动是一种集体对抗性运动，因此在教授篮球技巧的过程中，这一原则强调教师要将实战与对抗作为教学重点，使球员能够在真实的比赛环境中使用所学技能，提高竞技水平。在开始技术教学之前，教师必须引导学生深入理解和掌握篮球运动的对抗性质，对实战应用形成基本认知。教师应明确进行技术教学的目的是提高学生的实战运用能力。因此，在篮球教学过程中，教师应致力于培养学生的对抗意识及实战应用能力，以确保教学效果的最大化。

此外，教师可以通过组织比赛、友谊赛等形式，让球员在实际比赛中检验所学技术；教师还可以通过模拟比赛场景，让球员体验比赛的紧张氛围，锻炼他们的心理素质和比赛能力。

（二）技术的个体化与区别对待原则

在技术教学中，每种技术动作都具备独特的动作规范。技术动作的组合必须紧密贴合人体运动学和动力学的基本特征。

鉴于学习者在身体形态、体能素质及智力水平等方面存在差异，同时考虑到比赛过程中可能出现的种种变化，因此在篮球教学中教师既要努力确保学生的动作符合规范，也要允许他们在技术动作上展现出符合自身条件的细微差异。在教学过程中，应遵循规范化与个体化相结合的原则，允许学生在战术配合过程中灵活变化。同时，应关注不同能力水平的学生，贯彻区别对待的教学原则，以确保教学质量和效果的最大化。

（三）专门性知觉优先发展原则

专门性知觉优先发展原则要求在篮球教学中，教师要对运动员进行专项感知培养。为了贯彻专门性知觉优先发展原则，高校篮球教学需要注重以下几个方面。首先，要加强运动员的感知训练。篮球运动是一种以对抗为主要活动形式的运动项目，其核心在于通过手部精细操作来控制与支配球，并最终实现投篮得分。在篮球技术动作的学习与运用中，手对球的敏锐感知起到了至关重要的作用。为了有效提升学生的球感与控制能力，教师应在准备活动阶段安排一系列专门的练习，以帮助学生更好地熟悉球并提升向学生对球的控制能力。其次，要加强对运动员观察力的训练。观察力是专门性知觉的一个重要方面，通过观察力训练，运动员能更好地把握对手及队友的动向。

四、高校篮球教学的方法

（一）讲解法

讲解法作为教学中的重要方法，对于引导学生理解知识、掌握技能具有重要意义。体育教师在运用讲解法时，应注重语言的准确性和简练性，结合示范动作和案例分析，使学生能够更好地理解技术动作和战术配合的基本原理和注意事项，从而使学生通过听讲对教学内容进行感知，进而达到掌握知识、提高技能的目的。

（二）演示法

演示法是指在教学中进行技术动作的示范和战术配合方法的示范，运用幻灯、投影、挂图和录像等电子化媒体手段，为学生展示生动形象的教学内容。在教学实践中，体育教师要将演示法与讲解法结合起来使用；还要选择正确的示范面示范相关动作，同时确保示范动作准确无误，让学生能够从示范中获得正确的理解和启示。

（三）练习法

练习法是一种实践方法，有助于学生掌握篮球技术动作。在讲解和演示结束后，教师应指导学生做对应的动作练习。练习法可细致地划分为完整练习、分解练习或者复杂练习和简单练习等多种类型。运动练习的方法要讲求实效，合理安排练习的强度、密度和运动量，使学生承受适当的运动生理负荷。

（四）纠错法

学生在练习过程中出错是很常见的现象，因此，在练习时，教师要时刻观察学生作出的动作，发现出错时，要及时采取适当的措施纠正学生的错误动作。在纠正过程中，教师需灵活运用各类有效的纠错方法。教学实践中，教师应注意观察，及时发现学生的错误动作，分析产生错误的原因，寻找纠正方法。纠正时应针对具体情况抓住主要矛盾，采取简化的练习方式，或进一步分析动作和进行分别辅导，或采取辅助性的慢动作练习，以使学生尽快掌握正确动作。

（五）完整与分解相结合的教学方法

在高校篮球教学中，采用完整教学法与分解教学法时，应针对不同的教学阶段、不同的条件、不同的教学目标，谨慎作出选择，并注意二者的有机结合。在引入新知识时，要采用完整教学法，使学生学到连贯、完整的动作流程，让其对篮球技术有一个整体的了解。在某些难度较大的动作及战术教学中，可采用整体与分解相结合的教学方法。在难度较大的动作教学中，应先采用分解教学法，再采用完整教学法，即先分解示范动作，再完整地演示一遍动作，只有当学生将每个分解动作都熟悉了以后，才能进行完整的动作训练。在战术教学中，应先采用完整教学法，再采用分解教学法。教师先将移动路线、布阵方式、配合时机及协作方法等战术要素完整地讲解示范一遍，随后再分解教学每个要素，引导学生逐步掌握整体战术配合的技巧与要点。

完整与分解教学法是一个统一的教学方法体系，在实际教学中应结合使用这两种方法，以避免单一方法可能带来的局限性。

五、高校篮球教学的组织、实施与制订

（一）高校篮球教学的组织与实施

1. 高校篮球课组织的主要内容

（1）课堂常规

在课堂管理环节，课堂常规扮演着举足轻重的角色，其约束效力较强，对于师生双方均具有较强的规范作用。在篮球课上，教师应将课堂常规管理置于重要位置，依据相关规定严格考查学生的行为举止和上课情况。同时，教师自身也需严格遵循课堂常规的各项规定与要求。

在高校篮球课上，练习的组织安排至关重要，主要包括训练课作业的程序设定及内容安排。一般而言，练习组织应遵循一定的逻辑顺序，首先进行基本技术层面的练习，随后展开战术配合方面的训练，进而推进至全队战术的演练，最终通过教学比赛的形式进行实战应用训练。在此过程中，学生应紧密配合教师的指导，严格按照练习组织的要求完成相关训练内容。

（2）篮球课的结构

教师要清楚篮球课的结构，严格遵循教育教学规律，确保课堂有序进行。一般而言，篮球课的结构应包含准备阶段、基本阶段和结束阶段三个核心组成部分。在教学过程中，为确保教学顺利进行，并有效预防课堂混乱情况的发生，教师应根据篮球课的结构顺序采取相应的教学措施和管理方法，同时在面对突发事件时，教师应沉着冷静，灵活应对突发事件，以保障教学秩序稳定。

关于篮球课的时长安排，通常存在两种模式，即 45 分钟模式和 90 分钟模式。合理安排课程时间有助于教师圆满完成教学任务。不管是 45 分钟一节的篮球课，还是 90 分钟一节的篮球课，在课程时间安排上，一般建议将 60% 的时间用于新知识的教授与学习，而剩余的 40% 时间则用于对已学内容的复习和巩固，以确保学生能够在掌握新知识的同时，也能够对旧知识进行有效的回顾和理解。

（3）发挥学生干部的作用

普通高校篮球教学实践存在分散性特点，这对学生进行管理与组织提出了更高的要求。为了更好地开展小组训练，教师必须主动培育一支优秀的学生干部队伍。在小组训练中，充分发挥学生干部的领导作用，做好组织安排工作，并为其他学生提供必要的帮助，能够帮助教师高效地完成教学任务。因此，教师应在日常教学中着重培养学生干部的组织管理能力，以提高其综合素质。经过重点培养，使学生干部在学生群体中发挥好带头作用，从而推动篮球运动的持续发展。

（4）运动负荷安排

运动负荷安排是高校篮球课的主要内容。篮球课能圆满结束有赖于训练内容安排合理且符合客观规律。

在篮球训练课程中，如何科学合理地安排运动负荷，以及如何有效地进行大运动负荷训练，是体育教师必须面对且需要妥善解决的关键问题。合理的运动负荷不仅能够显著提升学生的身体素质，还能够提高学生的技战术水平。

因此，教师在安排运动负荷时，要熟知每个学生的实际情况，为每个学生安排科学合理的运动负荷。另外，每个学生的运动负荷不是一成不变的，教师要逐渐增强运动负荷，从较小负荷逐渐过渡到较大负荷。此外，教师还应根据不同阶段的要求，明确每次课程的负荷强度和密度，以确保训练效果最大化。

2. 高校篮球课教学的实施

（1）理论课的实施

课堂教学是高校篮球理论教学课通常采用的组织形式，也就是主要以教师的讲授为主，同时配合适当的课堂讨论，以使学生的学习兴趣得到激发。具体步骤如下。

首先，通过讲述或提问的形式，教师引出前一节课的教学内容，从而为接下来的新授课内容做好相应的准备和铺垫。

其次，在讲授本次课的内容时，要反复论证篮球课的重难点，从而更好地达到强化的目的，促使学生更好地掌握和理解本次篮球课的主要内容。

最后，在课的结束部分，要对本次课的重难点进行简明扼要的归纳和总结，同时还要布置相应的课后作业，以宣告下次课的教学内容。

通过篮球理论知识的学习，应使学生达到理论联系实际和指导实践的目的。当前篮球理论教学现代化的发展趋势之一为"启发式教学"，即教师充分利用学校的现代教学设备，如幻灯、投影、录像等多媒体教学手段，将学生学习的积极性和能动性充分发挥出来，对学生分析问题和解决问题的能力进行积极的培养。

利用现代化的教学设备开展启发式的篮球教学是当前篮球理论教学现代化的发展趋势，对于培养学生分析问题和解决问题的能力具有非常显著的效果，是值得大力提倡的篮球教学组织形式。

（2）实践课的实施

在高校篮球教学过程中，实践课主要包括三个部分，即准备部分、基本部分和结束部分。

①准备部分

准备部分可以使学生从生理和心理上做好承受较大和最大运动负荷的准备，以避免运动损伤的发生。首先由班长、队长或值日生整队并清点出席人数，向教师报告；教师进行考勤检查，并将本次课的任务与要求向学生进行较为简要的说明。准备部分的训练内容主要取决于基本部分的教学、训练内容，做好适当的准备活动。

一般来说，准备部分的练习内容主要是由走、跑、跳及各种控制球、支配球和徒手体操、游戏等练习组成的。训练课不仅要做一般准备活动，还要根据实际需要做专门的准备活动。

准备部分的主要目的是在教师的组织下做好进入训练状态的准备，其中身体准备活动是一堂训练课中不可缺少的重要部分之一，这部分的时间通常会安排15~20分钟。准备活动的具体内容不仅能够使学生集中注意力，充分放松身体，而且能够为基本部分的活动打下一定的基础。

②基本部分

实践课的主要目的包括两个方面：一方面是达成教学课的主要目的；另一方面是提高比赛能力和适应能力。以教学大纲、训练计划的要求为主要依据，通过不断创造各种有利条件，来帮助学生掌握和提高技战术水平和技能，同时也要有针对性地提高其运用能力。

训练课的主要内容是以训练计划的安排为主要依据，通过各种各样的练习和比赛，比如个人的、小组的、全队的身体练习，技术和战术练习，教学比赛、对外比赛等，来发展学生的各项素质和能力，以提高学生的实践能力。除此之外，还要根据各个时期的具体任务，循序渐进地增加学生的运动负荷量和运动强度，更大程度地增强学生的各项素质和能力。

在教授教学课的教材内容时，通常都是先教新内容，然后复习旧知识，进行知识的巩固和强化。运动量较大的教学比赛或者用于提高身体素质的专门练习放到最后进行。

在进行实践课的教学时，要以课的任务和学生的具体情况以及课的时间、场地、器材等条件为主要依据，来有针对性地选择较为合适的练习方法和手段。通常情况下，教学课（两节课连上的）的时间安排在70分钟左右。训练课的时间安排通常占全课时的70%左右。

③结束部分

训练结束后，应该适当地做一些整理活动，以使学生从剧烈的运动生理状态和紧张兴奋的心理状态逐渐缓和、平复，恢复到训练前的状态。结束部分的主要内容有：关于慢跑、游戏、放松练习和注意力转换的练习，一些运动量不大的罚球、投篮练习也是较为合适的选择。

另外，教学课结束前，还要进行小结和讲评工作。一般情况下，教学课结束部分的时间是5~10分钟，训练课结束部分的时间是15分钟左右。

（3）实习课的实施

实习课的主要目的是促进学生篮球学习训练能力、组织比赛能力、裁判水平等得到快速提高。

在实习课开始时，首先要确定参与实习的学生人数，并指导学生做好充分的准备工作。

在进行实习课的教学时，教师要及时做好观察和记录。在实习课结束时，教师要及时评价学生的具体实习情况，同时也可鼓励学生积极参与实习课的讨论和讲评。学生在参与完实习课之后要做好实习总结，从而为提高自身的学习能力奠定良好的基础。

（4）观摩课的实施

篮球观摩课的形式比较自由灵活。提高学生的表达能力，发展学生的观察与分析能力，激发学生的创造性思维，是其主要任务和目的。通常情况下，观摩课往往在进行篮球技战术分析、规则裁判法等的教学时采用。

在开展篮球观摩课之前，教师要向学生宣布观摩的内容、观察的重点、要解决的问题、以及纪律等方面的要求等。观摩对象可以是某次篮球课或篮球比赛，也可以是篮球技战术电影或录像片等。观摩中要求学生做好笔记，记下自己的感想和体会，并提出疑问，为之后的讨论做好准备。

篮球观摩课结束后，要及时组织讨论，通常情况下，先由教师进行引导性发言，然后由学生围绕议题进行民主式的发言。鼓励学生有自己的不同意见，针对各自意见展开激烈的争论。教师应在讨论结束时进行总结性发言，对讨论的问题和学生的讨论情况进行评述。未能得出结论的问题可以留待课后继续探讨。

（二）高校篮球教学文件的制订

在普通高等学校体育教学过程中，教学文件是进行各种教学活动的基础。不同的教学文件在教学过程中所起到的指导作用也是不同的。一般来说，教学文件包括教学大纲、教学进度和教案等，这些文件在教学实践活动中各自发挥着不同的作用。它们相互关联、相互补充，共同构成了完整的教学文件体系。通过制订合理的教学文件，教师可以更好地开展教学活动，提高教学质量；学生可以更好地了解学习目标和要求，提高学习效果。在教学实践中，我们应充分认识到教学文件的重要性，不断完善和优化教学文件体系，为教学活动的顺利开展提供有力保障。

1. 篮球教学大纲的制订

篮球教学大纲，作为高校篮球教学活动的核心指导文件，对于教师实施教学工作具有举足轻重的意义。制订篮球教学大纲时，应将篮球教学的基本任务、教学目标、分配的相应教学时数、课程的考核方法考虑在内，篮球教学大纲指导着教学任务的完成进度，对于确保教学工作的正确方向和高效推进具有重要意义。因此，科学合理的篮球教学大纲是篮球教学工作顺利开展的前提。

（1）高校篮球教学大纲制定的具体要求

高校篮球教学大纲的制订应从篮球教学的实际出发，落实教学计划所规定的培养目标和要求，提出具体的篮球课程教学目标和教学任务。

根据篮球运动的特点、课程的任务和时数来确定教材内容，突出基本理论知识、技术与基本技能的教学训练与培养。

在篮球教学大纲的制订过程中，应注意合理分配教学课程的时数，保证理论与实践的适当比例，以确保教学任务的完成。

注重教学内容的系统性、科学性和先进性。

篮球教学考核内容应以篮球基本理论、基本技术与技能为重点。考核方法要能全面、客观地反映学生的真实的理论、技术与技能水平，评分方法力求科学和合理，考核应公平公正，有助于全面、客观地评价学生并能促进学生的全面发展。

（2）高校篮球教学大纲的内容

一般来讲，高校篮球教学大纲的内容主要包括以下几方面。

①教学大纲说明

阐述篮球教学大纲制订的依据、主要原则和课程的性质，提出完成篮球教学大纲所要采取的措施等。

②高校篮球教学目的和要求

阐述篮球教学方面的具体任务。一般包括篮球基本理论知识、技战术和基本技能、发展学生身体素质方面的要求和思想品德教育、专业思想教育，培养学生的集体主义精神和优良的品质和作风等，培养学生将来从事篮球教学工作的能力。

③高校篮球教学内容及时数分配

明确篮球教学课程中理论、技术、战术及规则裁判法和相关的基本能力培养等不同教学内容的时数划分比例、理论教学与实践教学的比例、理论教学的题目和课时、考核评价、教学条件、参考书目等。

④高校篮球教学考核内容和方法

依据篮球教学的目的确定课程考核方法与标准。考核的内容主要包括理论知识、技战术和技能。

⑤高校篮球教学成绩评定

成绩的评定主要包括思想品德，学习态度，基本理论知识、技术与技能等的评定。

⑥高校篮球教材及主要参考书

列出本门课程使用的教材和主要教学参考书。有选择性地参考一些比较权威的篮球专著，以丰富和补充篮球教学的内容。

⑦高校篮球教学设施的准备和使用

针对篮球教学活动中使用到的篮球场地、设备等进行规范和提出指导，以便于更加合理地使用篮球场地和设备，并做好篮球教学设施的维护和管理工作，以最大限度地发挥篮球教学物质资源的价值。

2. 篮球教学进度的制订

（1）教学进度的概念

教学进度是教学过程中非常重要的指导性文件，它以教学大纲中的任务、内容、时数分配作为主要依据，将教材内容具体落实到每堂课的教学文件中。教学活动需要按照一定的要求展开，由此说明教学进度的制订不是随意的，它需要在一个非常严谨的规则内进行。教学进度正常、有序地执行能够为取得良好的教学效果和教学质量提供保障。科学、合理地制订教学进度，能有效地提高教学质量与效果。

制篮球教学进度时应把握好篮球教学内容的逻辑性，教学内容应符合篮球知识、技能、认知学习的基本规律，能充分反映教学方法和教学策略。

（2）篮球教学进度制订的具体要求

重视篮球教学逻辑关系，以合理的逻辑关系和迁移原理为指导。在制订教学进度时，一定要注意将篮球运动知识基础和技术的合理逻辑关系充分体现出来，注意学习教材时迁移原理的积极作用，防止教学过程中的消极干扰。

遵循篮球教学的循序渐进原则。教学进度要根据教学的实际情况和教学需要合理分配每节课的教学内容，从而在教学过程中逐渐提高学生的理论知识水平和运动能力。

在全面的基础上突出教学重点。教学进度的制订要以教学大纲的要求和篮球运动技能形成的规律为主要依据，将教材内容安排到适当的位置。在全面考虑各种因素的基础上，有针对性地突出教学重点，有助于教师更加科学、合理地组织教学。

重视理论与实践的有机结合。理论课与实践课要合理安排，应本着理论指导实践的精神，有针对性地安排好理论课教学，使理论指导实践，实践体现理论，充分体现两类课程的相互配合和互补。

（3）制订篮球教学进度的格式

篮球教学进度的具体格式可以分为两种：一种是名称式教学进度；另一种是符号式教学进度。具体内容如下。

①名称式教学进度

在篮球教学进度的制订过程中，名称式教学进度是以课的顺序为依据将各类教材的名称填入教学内容，在课程类型内填写采用的组织方式，以及其他相关事项。名称式教学进度在理论讲授、实践教学和研讨等方面具有广泛的应用价值。

②符号式教学进度

符号式教学进度格式是根据编号顺序将教材内容逐个列入教学内容栏，然后根据出现的先后顺序在相应的课次栏内画"√"。为了保证教学进度的合理性，一定要注意排列组合的科学性，只有这样才能将每节课的教材安排和整个教材排列顺序及数量充分反映出来。

3. 篮球教案的制订

（1）教案的定义

教案，又被称为"课时计划"，是教师根据教学进度编制而成的最为基础的教学文件。

教案是教师上课的依据，对教师积累资料、总结经验、提高对教学规律的认识具有非常积极的促进作用。因此，教案的作用是非常重要的，它不仅是教学的依据，更能反映出一个教师的工作态度、专业素质、业务水平等。

（2）篮球教案的制订要求

教案编写得好坏在很大程度上会影响教学效果的好坏，为了保证教案的科学性和可行性，篮球教案的制订应注意以下几点。

第一，明确本次课的主要教学任务及教学目标。教学任务及教学目标的确定，应以培养目标、教学大纲和教学进度的具体要求、教材性质与学生的实际情况为主要依据。

第二，确定合理的课的组织模式及教法。组织模式及教法应以本次课的主要任务为主要依据，以保证课堂顺利、严谨地进行。

第三，注意教学的完整性和系统性，各个课次之间应承上启下，做好衔接，循序渐进。

第四，充分了解本次课的客观条件，主要包括学生的人数、学生的基础、学生的接受能力及运动场地、器材、设备等。

第五，编写教案应注意合理选择和运用教法步骤、练习方法，合理安排练习次数和运动负荷。

第六，篮球教学课并非一成不变，教学对象也存在诸多不确定性，因此篮球教案的制订应做到区别对待，因材施教。

（3）篮球教案制订的具体格式

在高校篮球教学中，可以根据实际情况有针对性地选择教案格式。较常用的主要有表格式教案和条文式教案两种。具体分析如下。

①表格式教案

表格式教案的特点是直观明了，方便教师填写。一般来说，当教师确定课程任务之后，可按表格各栏的先后顺序，将每一部分的教学内容、组织教法、练习次数、运动量、其他有关事项及课程小结依次填入表格。

②条文式教案

条文式教案多用于篮球理论课的教学，除填写表格式课时计划规定的项目外，还以讲授提纲与组织教法的方式配合理论课讲稿共同使用。

第二节　高校篮球训练

一、高校篮球训练的任务

高校篮球训练应完成以下任务。

第一，实施全面素质教育，激发篮球运动员对篮球运动的热情，鼓励篮球运动员勇攀国际篮球之巅，发扬团结互助的集体主义精神，弘扬为国争光的爱国情怀及具备良好的竞技品格。

第二，培养篮球运动员积极参与体育竞赛的心态。

第三，培养篮球运动员的专项技能、战术意识，使其具备一定的篮球理论基础。

第四，加强体质，改善体形，增强机体功能。

二、高校篮球训练的内容

高校篮球训练涉及各个领域，在进行篮球教学时，要结合队伍的实际状况、运动员自身的情况及训练进度来决定详细的训练内容。篮球训练的主要内容可以归纳为以下三点。

（一）篮球意识的培养

篮球意识的形成是对篮球理论认知的加深。要想培养学生的篮球意识，不仅要有针对性地开展训练，还要在实际操作中加以磨炼。优秀的篮球运动员除了具备较强的技术和战术素养，还必须具备较强的临场应变能力。要想在体育教学中增强学生的篮球意识，需要注意以下几点。

1. 提高文化理论素质，丰富篮球意识

研究结果显示，高素质的篮球运动员普遍具备较高的人文素养，这是加强篮球意识、了解篮球技战术的重要前提。当代篮球运动对运动员智能、意识的要求都比较高，以便在竞技活动中应对各种变化，增大取胜的概率。运动员掌握篮球理论知识、篮球知识构造，对其篮球意识的形成具有十分重要的意义。

2. 将篮球意识渗透于技术训练中

在进行篮球技术教学的时候，要注意培养运动员的篮球意识，并将其融入篮球训练的全过程。在篮球教学中，要注意训练运动员的观察力，只有多参加实际竞赛，球员这方面的能力才会有所提高。

3. 注重心理训练

篮球意识反映了运动员的心智水平，而优秀的心理品质又对运动员的篮球意识有很大的促进作用。所以，应该重视培养篮球运动员的心理状态，以使其达到在竞技场上沉着冷静、临危不乱的目的。此外，在对篮球运动员进行心理训练时，也要注重培养他们的专项意识、球感及临场感觉。

4. 重视意识培养和作风训练相结合

激烈的对抗性和集体协同性是篮球比赛的基本特点，因此比赛中正确的行动需要以顽强的作风作为保障。在比赛过程中，经常会遇到强大的对手，或陷入不利的状况，这时顽强的拼搏精神将会为运动员获得场上的主动权发挥巨大的作用。

（二）身体素质的训练培养

身体训练是指运动员对身体各个器官、组织机能、身体形态等所做的一种锻炼，旨在提高身体素质、增强体质健康、提高运动技能和竞争能力。

1. 速度素质训练

在篮球运动中，速度素质的训练并非单纯的速度练习，它要求运动员能够在较短的时间里将自己的最大速度爆发出来，这就需要球员拥有较强的身体控制力。

2. 力量素质训练

随着篮球运动水平、竞技水平的不断提高，要想在竞赛中取得上风，就需要强大的体魄和力量。在篮球训练中，力量的锻炼方式是多样的，通过各种方式的有机结合来实现运动员各项能力的整体发展。

3. 耐力素质训练

由于篮球比赛具有高度的竞技性，要求运动员不断地跑动、对抗和跳跃。所以,篮球比赛对运动员的耐力素质提出了更高的要求,运动员必须能够长期维持高水平的运动。在训练中加强对运动员的有氧、无氧等耐力的锻炼。

4. 柔韧素质训练

篮球比赛对运动员身体柔韧性的要求很高,许多技术动作都对身体柔韧性有着相当大的需求。空中动作变化、高速移动变向等动作都对运动员的身体柔韧性提出了较高的要求。

5. 灵敏素质训练

在篮球运动中,运动员需要具备快速和灵活的应变能力,以应对复杂多变的赛场环境。通过对运动员的灵敏素质进行训练,能够使运动员的大脑皮质的灵活性以及神经过程相互转换能力得到提高。另外,通过加强动作技术的熟练程度,能够对灵敏素质的提升起到积极的作用。

6. 弹跳和滞空能力训练

对于篮球运动员而言,具有弹跳和滞空能力具有重要的意义。具有良好的弹跳能力,不仅有助于争抢篮板球,还有助于盖帽以及在跳投的过程中避免被盖帽。拥有良好的滞空能力则能够完成各种空中对抗动作,便于空中投篮或传球。具有良好的弹跳和滞空能力需要运动员具有良好的下肢力量及腰腹力量。

(三)篮球技战术及执行力的培养

1. 技术

要想达到战略目的,必须以较强的技术水平为前提,全面而娴熟的技术是提高战术水平的关键。

2. 战术

战术训练的目的是使队员掌握篮球运动的进攻和防守之间的配合,确定相应的阵型和打法,并且能够在实战中熟练运用。

3. 心理

心理训练是篮球训练的重要内容,尤其是随着场上竞争和对抗的加剧,对运动员心理素质的要求进一步增加。心理训练应注重提高运动员的自我控制能力以及排除干扰的能力,使运动员的训练成果能够在运动比赛中更好地表现出来。

4. 比赛

比赛训练是一种高强度的竞赛性、对抗性且有输赢的训练方法。在对抗状态下,可以最大限度地挖掘运动员的潜力,增强运动员的战术意识,提升个人技术水平,提高球队的配合程度。

5. 恢复

恢复训练是指运用适当的训练方法，加快解决篮球运动员身心疲惫的问题，促进身体机能的恢复与改善。恢复是运动员体能训练的一个关键环节，能否及时、充分地恢复，对之后的运动成绩有很大的影响。

三、高校篮球训练的原则

在高校篮球训练中，必须遵循一定的原则，以确保各项训练符合客观实际。篮球训练法是经过长期实践训练而形成的，它是篮球比赛中所要遵循的一项根本原则。在篮球训练的实践中，应该遵循以下基本原则。

（一）积极自觉性原则

在高校篮球训练中，要充分重视学生的主观能动性，让学生积极参与到篮球运动中来，进而达到事半功倍的目的。在高校篮球训练中，要树立一个清晰的目标，这样可以更好地激发学生的训练热情，增强学生对篮球的兴趣。使运动员积极自觉地投入体育锻炼中的详细方法如下。

1. 加强训练目的与价值观教育

在高校篮球训练中，要注意运用教育学、心理学等方法调动运动员的积极性，使其积极地投身于运动训练中。要使运动员保持良好的行动动机与心态。详细来讲，可以将优异的篮球表现同个人、家庭和民族等关系结合起来，从而激发运动员的锻炼热情，发掘他们坚韧不拔的斗志，培养他们积极的价值观。

2. 激发运动员参与训练和比赛的兴趣

在高校篮球训练中，要注意掌握各类运动员的心理特点，从而更好地调动他们参加体育训练和竞赛的积极性，进而提升体育训练的实效性。对于青年运动员来说，他们的个性比较活跃，所以在进行体育训练时，要注意添加一些有趣、多变的锻炼方式，满足他们心理上的需求。

3. 充分发挥运动员的主体作用

在高校篮球训练过程中，教练员或教师应使运动员全面了解运动训练的基本任务、要求和安排，使运动员的主体作用得到应有的发挥。在训练过程中，运动员充分发挥自身的创造性和自主性能够使其更好地掌握相应的动作技术，并在实践过程中灵活应变。

4. 充分发挥教练员和教师的榜样作用

"以身作则"能够起到良好的示范作用，榜样的力量是巨大的。在高校篮球训练过程中，教师或教练员应以自身的知识和能力为表率，与运动员之间建立良好的互动关系，带动运动员获得更好的发展。

（二）全面发展与针对性相统一原则

在高校篮球训练中，全面发展原则就是要重视运动员的整体发展，要发展运动员的各个器官组织、身体素质和心理素质，让运动员进行全方位的训练。

针对性原则指的是在进行体育锻炼时，必须根据运动员自身状况和外部环境因素，确定合理的锻炼目标和锻炼负荷。

由于篮球运动是一项综合性的体育活动，它对运动员的各项机能都有着不同的需求，所以运动员必须具备较强的体能。在体育教学中，不仅要设置与篮球有关的专门课程，而且要注意训练的多元化。在进行篮球训练时，要充分考虑体育教学的各个方面，遵循篮球运动的基本原则及有关内容。

（三）合理安排负荷原则

在高校篮球训练中，不仅要注意训练负荷的合理分配，还要符合运动员的身体状态，以便取得较好的训练实效。篮球技术的进步与体育训练的强度有着很大的相关性。在具体运动训练的实践中，运动训练应遵循的基本规律如下。

第一，要想提高体育训练的质量，就必须以学生原来的负荷习惯为前提，进一步达到良好的训练效果。

第二，在进行篮球训练的时候，要根据每次的训练效果来分配运动负荷，尽可能在最短的时间内达到最佳的运动效果。

第三，要根据负荷大小和负荷程度进行适当的组合。强调"高密度"训练，这是现代高水平篮球运动员训练的一大特点。然而，在运动训练过程中，必须根据具体条件科学地调整训练的强度与负荷。

第四，要想进一步提升运动员的体能素质，就必须进行科学的体能训练，否则就不会有新的负荷安排计划了。运动员在感觉疲劳后，其恢复周期各不相同，恢复时间不管是长还是短，都会对体能的发展产生不利的影响。

第五，强化医疗监护与恢复措施的应用。在进行运动训练时，强化自身的锻炼强度，适时调节与调控锻炼负荷。在运动结束后，要注意运用各种方法消除运动员的疲劳感。

(四)统一性原则

1. 一般训练与专项训练相结合的原则

在高校篮球训练中,应将常规训练和专门训练有机地结合起来。常规训练并非单纯的体育技巧训练,而是对运动员身体素质的整体提升;而专门训练,则是对具体技术、战术动作等各方面进行改进。在运动训练中,要把常规训练和专门训练有效联系起来,以达到最佳的训练效果。

2. 个人训练与全队训练相结合的原则

篮球运动是一项集体性攻防运动,需要每一个队员充分参与其中。在篮球运动中,每一项战术的执行都需要多名队员进行密切的配合。而每一个队员的技战术水平都影响着全队的技战术水平。因此,在训练过程中,既要注重全队技战术的配合和训练,还应注重个人技战术水平的提高。各队员应进行良好的分工协作,形成优势互补。

3. 循序渐进与合理负荷相结合的原则

在高校篮球训练中,要注重训练的合理性,并坚持循序渐进的原则。训练时,应坚持由小到大、由易到难、由低级到高级的原则。在训练中,还应注重各个训练阶段的特点,根据技能形成的规律采取相应的训练策略。另外,在训练时还应注重训练的系统性,根据训练的难易程度来安排训练的顺序,制订合理的训练计划,并贯彻实施。

(五)持续性原则

身体素质的提高和运动技能的获得并不是一朝一夕之事,尤其是想要获得高超的篮球技术,更是需要进行长年累月的运动训练。如果运动训练不能够保持一定的持续性,那训练的效果将会受到很大的影响。坚持持续性原则就是要阶段性地持续训练,使得各方面机能和技战术能力得到逐渐的积累和提高。坚持持续性原则还应注重训练间歇时间的控制,保证训练之间的联系性。

(六)身体训练的保护与恢复原则

在高校篮球训练中,经常会产生运动疲劳,若训练量过度的话,可能会对运动员产生不同程度的运动伤害,所以必须采取相应的保护与恢复措施。在整个培训体系中,运动员疲劳恢复是一个不可或缺的环节。在恢复方法的应用上,要注意不同练习的衔接和重叠,既要确保运动员的体能可以得到较快的恢复,又要达到最优的训练效果。

（七）训练与比赛相结合原则

在高校篮球训练中，运动员的运动能力、技战术水平、心理品质等都要通过实际比赛来得到巩固与提升。对于运动员来说，参加比赛是他们的终极目标，他们的目标就是在各种情况下提高自己的竞争能力。而在平时的训练中所掌握的各种技能，也要通过比赛来验证其实效。在训练和竞赛时需要留意以下三点。

1. 建立训练目标

在进行体育训练与竞赛时，应以明确的目标为导向，确立特定的培养目标。首先，要对运动员的身体状况进行详细的分析与评估，作出正确的判断，并针对运动员的实际状况制订一套具有针对性的训练方案，使之在竞赛中达到预期目标。

2. 根据篮球比赛的特点组织训练

篮球对运动员心理素质和智能素质的要求包括力量、速度、灵敏度、爆发力等方面。所以，了解和掌握篮球比赛的特点是正确开展篮球训练的必要依据与前提。

3. 根据篮球比赛的需要确定运动员的运动负荷

在确定运动训练的负荷时，不仅要根据运动员自身的情况来确定，同时还要根据篮球比赛的实际要求来确定。在确定不同负荷内容的比例时，教练员应根据运动员的年龄、篮球技术水平、运动员目前所处训练阶段等因素来确定运动员的运动负荷。

四、高校篮球训练的方法

（一）常见的训练方法

1. 持续训练法

持续训练法是一种比较持久的、不间断的、有规律的锻炼方法。在一定时间内，运动员可以采用比较平稳的训练强度来进行持续训练，再按训练要求逐步增加强度，从而提升自己的体质和技能。持续训练法是篮球运动中比较常用的一种方法，它可以有效地改善运动员的体能和技术。

2. 循环训练法

所谓的"循环"就是在特定训练目标的基础上，设置多个锻炼站点，运动员们通过一定的顺序和路线，依次在各个站点上反复地进行训练。采用循环训练法时，在每次的训练中，都会事先设定好训练内容、要求及负荷，也可以与其他训练方式相配合，组成各种循环的训练计划。

3. 重复训练法

重复训练法就是用同样的锻炼强度、同样的间隔次数反复地进行同样的锻炼。重复训练法旨在提高运动员的动作负荷，并提高运动员已经具备的技战术水平。在篮球训练的实践中，重复训练法主要是通过投篮、运球、传球等来进行的。同一运动在运动过程中进行多次的反复练习，会对身体的机能及巩固力产生直接的影响。此外，还应该根据运动员能够承担的运动负荷量、负荷强度以及完成动作所需要的练习量等来决定重复的次数。

4. 变换训练法

变换训练法是指在变化的条件下进行针对性训练的方法。变换训练中的"变换"指的是对训练的环境条件、速度、强调动作等进行适当的改变。千篇一律的训练主观、客观环境会让运动员有疲劳感，如果适时对某一个或某几个环节进行适当的变化，会明显增加运动员的新鲜感，这样对机体的影响也必然随之而变化，如将日常的腹肌训练由单纯的仰卧起坐改为"推小车"游戏。这种方法对运动员中枢神经系统的协调性和机体调节的灵活性具有特殊的作用。变换既可以是周期性活动的连续变换训练，也可以是非周期性的间歇变换训练。

5. 间歇训练法

间歇训练法就是在反复运动中，按照一定的间隔进行一次又一次的锻炼。在训练过程中，训练间隔的长度可以根据训练目的、强度，运动员的技术等级、体能条件等因素来确定。

6. 比赛训练法

比赛训练法是指通过组织比赛的方式达到提高和巩固训练效果的方法。长期的训练可能会使运动员感到枯燥、单一，而参加比赛则会在很大程度上调动学生的积极性，激发学生的斗志，培养学生为取得优秀成绩而积极向上、不畏艰难的优良品质。

由于篮球运动中的技战术打法非常多，所以运动员所学技战术能否在比赛中良好应用是训练的重要课题。因此，以赛带练的比赛训练法在篮球训练中就是一种非常常见的训练方法。它的形式也是多种多样的，有教学比赛、检查比赛、测验性比赛等。但是在选择具体的比赛训练方法时，一定要以教学任务为依据，注意运动负荷的调节，严格按照既定的规则、要求进行。

7. 心理训练法

心理训练法是指在篮球训练中运用心理学手段促进运动员心理素质和运动成

绩不断提高的方法。心理训练与身体训练、技术训练等有机地融合在一起，共同组成了一个完备的运动训练系统。心理训练法主要包括运动表象训练法、想象训练法、放松训练法等多种类型。

（二）新的训练方法

1. 八字训练法

八字训练法的八字是循环、连续、间歇、组合，实际上就是循环训练、持续训练、间歇训练、组合训练的融合。将各种常用的训练方法结合在一起进行训练，能够使每种训练手段都得到最大限度的发挥，从而达到有效运动的目的。

2. 意识训练法

意识训练法就是把"精神"与"战术"相融合的一种训练方法。在篮球训练的过程中，教练要让运动员通过回忆和联想先前所学的篮球知识，之后将理论和实际相结合，这样才能真正了解这些技术动作的本质，做到融会贯通、举一反三。对个人训练及教练指导都很有价值，二者相辅相成，实现双赢。意识训练法也可以培养选手的竞赛意识、协作意识，让他们在训练过程中保持积极的心态，从而达到身体与技术协调发展的目的。

3. 领会训练法

领会训练法重点对运动员的篮球认知能力进行培养，使运动员对篮球运动的特征有深刻的了解，促进其技战术意识的提升。只有先提高了运动员的篮球认知能力及练习兴趣，才能使运动员自觉自愿地进行技战术练习。所以在篮球运动训练过程中，教练员一定要将领会训练法落实好。

首先，带领运动员全面地了解篮球运动的特征，从而使其在技战术练习中能够融会贯通，提高训练效率。

其次，重视培养运动员的战术意识，在整个训练过程中都要贯穿战术意识。

最后，加强实战训练，使运动员的技术能力与战术配合能力在实战中不断提升。

4. 游戏训练法

游戏训练法趣味性高、实用性强，能够打破传统篮球训练的束缚，将运动员对篮球训练课的兴趣和练习热情充分激发出来。篮球教练员在实施游戏训练法前，一定要将准备工作做好，设计丰富的游戏方式，并向运动员准确讲解游戏方法与规则，在游戏过程中，教练员要加强引导，以免发生意外情况。一般来说，教练员设计或引用的游戏方法应具有较强的对抗性、竞争性和趣味性。

（三）创新训练方法的途径

1. 破旧立新

对篮球训练方式进行革新，首先要抛弃过时的训练理念和训练方式，要在新的理念指导下进行革新，只有这样，才能达到事半功倍的效果。比如，教练员应该改变自己的思维方式，重新理解篮球训练的意义，对自己原来的训练理念、手段等进行反思，还应考虑"传统的、简单的训练方式是否满足当代发展需求？""应用怎样的训练方法能提升运动员水平"等。通过思考这些问题，教练员能充分认识到传统的训练方法与当前的形势是否相符，只有采用怎样的训练方法才能使运动员的运动水平得到提高。树立新的观念后，教练员自然会摒弃陈旧的方法及思想，以全新的思路来思考和解决问题，加大对篮球训练方法的创新力度。

2. 逆向思维

在选择篮球训练方法时，由于受到传统经验的制约，教练员常会被落后的观念所束缚，导致思想僵化。对此，教练员首先要转变自己的思维方式，摒弃传统思维，形成逆向思维，树立先进的训练观念，从运动员的实际情况出发对具有创新性、实效性的多元训练方法进行设计。对于篮球教练来说，形成逆向思维是非常有意义的，篮球教练员只有反向处理问题，才能获得思想上的解放，才会有创新训练方法的想法和灵感。

3. 克弱转强

在进行篮球比赛的过程中，教练员要善于找出运动员的弱点，并有目的地制订一些可以帮助他们克服弱点的训练方法，让他们克弱转强，从而促进运动员的技术进步以及各项能力的均衡发展。所以，在篮球运动训练中，教练员应该深入分析所选用的训练方法，根据运动员的弱点来判断该方法能否使运动员克服弱点，转化为强项，若判断所采用的训练方法无法帮助运动员克服弱点，则应及时调整与更新训练方法，选用能够弥补运动员不足的训练方法，以培养更多优秀的篮球运动员。

五、高校篮球训练的步骤与组织

（一）高校篮球训练的步骤

1. 技术训练的步骤

（1）单个技术的训练

高校篮球技能以单个技术为基础，且由很多单个技术组成。单个篮球专项技术的培养目标是帮助运动员更好地理解、掌握和改进单个技术。对单个技术的熟练运用，是全面把握和创新篮球综合技能的前提。

（2）组合技术的训练

高校篮球组合技术是把两个或更多单项技术动作进行有机结合形成各类专项技术组的统称。在对运动员进行组合技术的训练时，应以实际情况为依据，对竞赛中可能发生的各类复杂情形进行剖析、提炼，并对其进行针对性的改进。在竞技比赛中，熟练应用组合技术是取胜的关键点。

（3）位置技术的训练

在篮球运动中，球员的位置被划分成中锋、前锋和后卫三个位置，每个位置上的球员都有自己的责任，也有自己的攻防任务。所以，在训练中要结合运动员的位置特点、攻防任务有目的性地开展训练。

（4）攻防技术的对抗训练

高校篮球运动技能的培养，除了要提高学生的身体素质，还要使学生在竞技状态下能够正确地使用运动技能，以达到特定的技战术目标。因此，在攻防技能的对抗练习中，必须有针对性地开展训练。通过以上三个方面的训练，掌握如何在攻防相争中，突破对方的阻碍与限制，达到正确、合理应用篮球技能的目的。

2. 战术训练的步骤

（1）基础配合训练

在篮球运动中，基础配合是必不可少的。基础配合是一个球队进攻与防守的根本，只有对基础配合的技巧有所了解，才可以使整个球队的战术更具弹性，使球队的战术在竞赛中得到充分的发挥。

（2）战术配合的衔接训练

在已进行基础配合训练的前提下，再进行战术配合的衔接训练。战术配合的衔接分为两类：一是部分战术的衔接，二是整队的衔接。在训练中，前者注重主、次配合的衔接，以及训练过程中的衔接与变化；后者则是指在区域战术配合训练的基本情况下进行的整体战术训练。其目标是加强整个球队的协作意识，让队员清楚地了解在球队协作下自己的技能动作，从而提升球队协作的进攻能力。

（3）战术配合的综合应变训练

对两项（或多项）整体战术动作进行结合训练，使运动员具备较强的应变能力。

（4）战术配合的比赛训练

此项训练是一项较高水准的竞技项目，它是检验运动员战术素质的主要方法。

其主要目标是通过实战找出运动员在战术配合方面出现的问题，从而提升运动员对战术技能的应用能力。

（二）高校篮球训练的组织

高校篮球训练的组织主要有学生的组织、作业的组织、运动负荷三个方面。

学生的组织有两种形式，即集体训练形式（成队或小组）和个人训练形式。在实践中常常将两种形式结合在一起进行。在一堂课中既有集体练习，又有个人训练。作业的组织是指训练课作业进行的程序及作业内容的组织，一般是先进行基本技术练习，后进行战术配合、全队战术练习和比赛训练。根据练习程序及内容，采取个人、小组、全队的组织形式进行训练。

合理安排训练课的运动负荷，对训练课的效果具有重要作用。在制订某一次训练课计划时，要力争做到以下两点。

第一，训练内容要有足够的难度与要求，使之成为提升大学生运动机能能力的有效因素。

第二，要使训练计划与大学生的训练水平和机能状态相适应。同时还必须注意：一是必须保障在疲劳逐渐发展情况下的训练达到一定的训练量，只有这样，才能在达到极限负荷量的同时达到需要的应激性和较高的训练效应；二是在出现明显疲劳状态时，训练活动的持续时间不应太长，以免对大学生的技术训练水平和心理状态产生不良影响。

以上的组织形式都要通过训练的准备部分、基本部分和结束部分来完成，每个部分都有明确的训练目的和要求，并且紧密相连。

1. 准备部分

准备部分是指学生在教师的指导下，有计划地进入预备状态，使其有充分的时间进行锻炼，其中体能准备活动是每节课不可或缺的一环，通常为15~20分钟左右。准备部分的具体内容应以注意力和运动为主，并与基础内容紧密结合。准备部分大致可以分为四个部分。

（1）一般身体训练

可选择体操、跑步，也可以进行多种游戏项目。

（2）专项身体训练

可安排反应力、灵敏度、速度弹跳等专项身体素质训练，还可安排专项比赛。

（3）篮球专项技术

在篮球训练中，对篮球基础技能的训练进行深入探讨，比如传接球、运球、脚步移动等。以几种最为基础和多样的训练方式帮助高校学生达到精通篮球专项技术的目的。

（4）综合训练

综合训练可以使运动员在短期内掌握更多、更充实的动作，如步法、攻守法等。通过实践，运动员身体与技能相融合，多种技能相互配合，达到训练动作密集的目的。

2. 基本部分

基本部分是训练课程能否顺利进行的重要组成部分。在培训与组织中，要重点关注如下问题。

第一，在教学中，要充分考虑篮球课的特点和现状，既要理解课本的内容，也要考虑学生自身的状态、素质等方面的情况，这样才能采取合理的教学方式和训练方法。

第二，在技术与战术搭配训练的时候，教师要向大学生详细地说明训练内容、方法和需求等，并作出适当的演示，使大学生对训练内容有一个基本的认识。

第三，每种锻炼方式的阵形都要前后连接、内容都要上下连贯，这样才能更好地提升锻炼的速度、凸显课堂的要点，每种锻炼方式的特点都是通过队列的安排来体现的，在进行训练的时候，首先要排布队形。

第四，在实际操作前，教师要将每个动作演示一遍，一边演示一边解释；在理解该动作的要领后，教师要让一组人先缓慢做一次，让所有球员都能看到，再进行实践训练。

第五，训练应该尽可能采用流水作业的形式连续地开展，这样所有球员都有同样的训练机会，就可以让所有球员同时进行训练，同时完成相应的训练任务，以达到他们的理想状态。

第六，为了使练习能够顺利地持续下去，在每次练习完毕后，都要把所有球员聚集在一起做一个简短的总结，对表现好的球员予以肯定，或者对一些有代表性的动作进行剖析，并加以指导和激励。

第七，为避免片面发展，实现全方位发展，促使运动员左右手同时作出动作，在进行训练时，要做到左右两边（左右方向）轮流进行。

3. 结束部分

在进行高强度的锻炼之后，需要进行适当的恢复，逐步缓解学生紧张、激动的情绪，比如让学生练放松体操等。最后由教师总结教学内容，并安排下一节篮球课的作业。

第三章 高校篮球基础训练与身心训练

篮球运动的基本功是篮球运动的基础，良好的身心素质是进行篮球运动的保障。本章对高校篮球基本训练与身心训练进行了研究，以帮助大学生具备良好的基本功和身心素质，为参与篮球运动奠定坚实的基础。

第一节　高校篮球基础训练

篮球基础训练是指在对运动技能进行研究和熟练使用的过程中，身体各个部分之间相互协作所展现出的技能。基本训练是运动员学习、掌握、运用篮球技战术的根本。一位优秀的球星必须经过长时间的刻苦训练，才能在球场上大放光彩，并在对自己不利的情况下反败为胜。与其他体育活动相比，篮球是一种以投篮命中率为中心的团体竞赛项目，它是一种高强度的、速度极快的竞赛，场上的情况千变万化，运动员的智力、技能、身体素质、心理素质等都会在比赛中得到体现。所以，在篮球运动中，最根本、最简单、最本质的内容就是通过技战术体现出来的。虽然篮球动作的种类有很多，但在众多动作中，最重要的是手对球的掌控力，配以脚步动作、腰部协调及眼睛观察等来完成不同的攻防动作。

一、手功训练

手功是指在篮球运动中，通过对球的大小、重量、弹性等方面的适应力，以及对球的控制力，尤其是手指和手腕的集中发力。在当代篮球竞赛中，高难度的投篮、传球以及灵活运球，都需要双手对球有较好的掌控力，掌控球的方式越多，得分率和应变技能就越高，而这些都离不开扎实的手功基础。

（一）仰、翻、转

仰、翻、转是手指、手腕和手臂三者密切配合，相互关联、不可分割，以及接、传、投、抢等动作的不同方式。这些技术动作涵盖多种内容，如将球向前传递时双手协同配合、在仰腕翻转过后掌握运球推进的技巧、使用推点传球技巧、掌控双手将球向胸部投篮，以及在行进中使用低姿势单手或双手投篮、反手单手投篮、争抢双手篮板等多项技巧。以双手胸前传球的翻、转动作为例，传球时需要运用手腕的外翻来带动前臂的旋转。具体来说，用大拇指弹拨球，给球一个初始速度。同时，手腕向前伸展并让前臂向内旋转。传球的距离决定了肘关节伸展的程度，以便完成传球动作。

（二）抖、拨

抖和拨是两种在训练过程中经常使用的技巧，它们的区别在于所针对的手部部位不同，一种是用于手腕，另一种是用于手指。"抖"这个词描述了一种在投球或传球时，手腕瞬间施加大力并带有微妙的翻转动作，这种动作表现出强烈内在力量的特征。"拨"是一种明显的用力动作，指在投篮或传球时，通过手指用力将球向外推出。这种动作一般表现为手指明显用力的状态。另外，运用手指的轻快技巧也能对提高手腕抖动速度有所帮助。所以说，抖动和抖动动作是与完成传球、投篮、盖帽、跳球、变向运球等整体技术动作密不可分的关键技术要素。调节手指的弹拨力度、控制节奏和支配球的运动是至关重要的。

（三）弹、点、抄

弹、点、抄这三个手部动作被广泛应用于传球、投篮、补篮、跳球、抢篮板球等动作之中。在具体完成动作的过程中，通常与手腕的翻、转、抖、屈，手指的拨、抄、推、拍，以及手臂的屈、展、摆等技术环节连接成各种完整的攻守动作，如运球中的弹点传球、翻腕摆臂抄手传球、弹点补篮和跳球弹拨等。

（四）展、摆、屈、勾

展、摆、屈、勾这些动作都是传、接、投、运、抢等各种手部动作的基本技术。这些动作包括争夺篮板、跃起抢断球，以及使用手指进行拨、弹、点等技巧，需要充分发挥肩、腕、手指等关节和韧带的伸展能力，以便更好地掌控球和掌控空间。在运球时，需要通过手指和手腕的运动来改变球的方向、高度、速度和距离，并且还需要使用手臂来灵活地控制屈伸幅度和速度，以进行合理的调整。在投篮时，通过适当的手腕前倾和手指的发力，可以对球的运动轨迹进行有效的调节，从而提高得分的可能性。

（五）拍、推、抓、拉

拍、推、抓、拉是由肩、肘、腕、指各部位关节参与活动。拍是运球技术的基本，所有运球技巧都必须从拍开始练习；推是在基于拍球的基础上，运用运球技术来增加球的速度和推进的重要技术。抓和拉是用来改变方向和节奏的主要技巧。因此，熟练掌握这四个技术环节并能够巧妙地使用手指的拨、弹、点和抄等多种技巧，可在传球、接球、投球、运球和抢球等各种技术动作中协同发挥，实现全面掌握。这还可以增强手指的触觉和掌握能力。

拍击球时应该保持手指放松，轻轻倾斜手腕并屈伸前臂，以便肘关节和前臂能够自由旋转，接着用手指根部轻拍球的不同部位。推球时，要将手腕抬起并向球运动的方向施加力，这会引导肘关节和前臂向前移动，增加推球力量和速度。在运球过程中，抓和拉是通过利用手指末节发力抓住球并让手腕自然弯曲的方式实现的。此外，要想成功地掌握这种技巧，必须与快速拉球的前臂配合，并明智地调整脚步移动，以精准地控制运球的方向和速度。在掌握球时，要注意手指和手腕的动作，定期改变手指接触球的位置，并适当减缓前冲速度。

（六）打、挑

打、挑是防守中最常见的两种进攻手段，是对抗防守球员的关键动作，在竞赛中非常普遍。

挑球时要配合短而快的跨步运动且要贴近竞赛对手，并以极快的速度伸展手臂，以手指与手腕伸展的动作（手掌朝天，以手指弯曲挑球；手掌朝下，用手指、手腕打球）将球从对手手里击飞。

二、脚功训练

脚功是指在完成篮球各种移动的基本技术的过程中，最基本而有关键性的脚部和腿部的动作技能，它是一种转移身体重心、变化速度和身体方向的脚步的控制能力，也是双脚自由支撑和改变身体在地面与空间的位置，维持身体平衡的特殊技能和能力的总称。

（一）蹲

蹲是运动员在球场上膝关节弯曲的姿势。掌握好攻防姿态是赢得时间、抢占场地空间、随意变换动作以及保持重心的关键。

蹲的姿势是两足分开（或是向前和向后的斜线），大约与肩膀同宽，并且以脚底向内接触地面。膝盖略微向里弯曲，膝盖和脚趾的方向大致相同。目光扫视周围，双臂弯曲，放在身体两侧，将自己的重心放在两足中间。它本质上是一种能使身体重心维持平稳，并能迅速移动和转移身体重心的理想预备姿态。练习时，要以"降低""移动"重心为首要任务。一位球员如果不能降低自己的重心，或者改变自己的重心，那么将无法满足比赛中快速变化的战术需求。在高速变化的奔跑中，要想保证自己的稳定性，就必须放低重心。转移重心是改变动作及确定变向速度的重要步骤。

（二）蹬

蹬是寓于跑、跳、停、转、滑等各类移动步法中的一个微妙的内含性技术环节。它是一切移动步法起动的发力基础。蹬地时要充分运用下肢的力量给予地面作用力，地面又给人体一个大小相等、方向相反的支撑反作用力来推动人体的各种位移。它是位移的决定性动作环节，是各种移动步法的发力基础。蹬地虽然只是前脚掌最后对地面施加力的动作环节，但它需要整个下肢（髋、膝、踝各关节、肌肉的工作）以及腰胯和全身的协调配合来加大对地面的作用力，并获得地面的支撑反作用力克服人体重力和惯性力，保证人体重心的迅速转移和各种位移的变化。脚的不同部位的用力，影响人体重心转移和位移的方向，蹬地力量的大小决定人体运动速度的快慢。如比赛时由于要随时改变跑动的方向达到攻守战术的目的，在变向时双脚蹬踏用力主要是前脚掌内外侧的侧蹬动作，在侧蹬时身体向另一侧倾斜的角度越大，身体重心也就要越低，做弧线跑时，内侧脚用的是前脚掌的外侧蹬踏地面，而外侧脚用的是前脚掌的内侧蹬踏地面。

（三）转

转是一种专业的动作，它通过支撑脚和摆动腿的配合来带动身体旋转，以此变换自己的姿势，其是篮球攻防技术中应用最多的一个动作。转时动作要迅速、稳定。从原理上来说，快速旋转就是减少了旋转的数量，但是要想维持稳定性，就需要髋、膝和踝关节协同作用，这样才能使重心下降，而无任何起伏。要使用前脚掌作为旋转的轴心，千万不要把脚后跟当作轴心。

旋转技术动作的难点是在高速奔跑中急停前转身折回跑（又叫来回跑），对这个最基础的转体动作来说，同样不能忽略其具体的技术规范准则：在急停转身之前的第1步，上身微微后倾，与此同时，身体重心降低，脚趾朝50°～70°旋转，而当第2步落地时，已经完成180°扭转，面对着返回方向。

（四）跨

跨步动作是在抢前占位的急停变向中经常运用的步法。它是指两腿之间跨出去的角度、幅度及速度。在实战中，为争取攻守的主动权，双方争夺的是时间和空间。在时间上要夺得优势，就必须起动要快、变向要快、急停要快、持球突破要快等，这在一定程度上取决于"跨"，如果跨不出去、跨得太小或太大或跨的速度太慢，都不能很好地完成这些技术。如边线跨步单脚急停接球后顺步突破的衔接动作，以及在各种情况下抢前跨步接球与后转身突破等，这些技术动作的质量都取决于：一是接球后重心要低，跨步要有一定的幅度；二是动作衔接要紧密，要有速度的变化，只有这样，才能在实战中占有一肩半步的优势。

（五）跑

在竞赛中，跑是争取时间、争取空间、改变身体方位以及摆脱或控制对手的一种重要的攻防配合方式。在奔跑中，膝盖要保持自然屈膝、重心放低，上身微微向前倾斜，用足尖或者前掌接触地面。双手要自然地、协调地、迅速地挥动，目光要扫视全场。

篮球运动由于受场地面积的限制和战术组织的要求，在攻守对抗过程中，较长距离的直线跑动是很有限的，而绝大多数的情况是快速起动、快跑、急起、急停、曲线跑、变向跑、侧身跑、转体跑，相当多的情况是在6～8米弧形线上的跑动，这是篮球运动在竞赛中的一个突出的特点。所以，为适应多种类型的跑，篮球运动员在场上跑时重心不宜太高，而要相对保持较低重心，平稳地跑动。

（六）跳

在竞赛中，跳也是一种非常重要的移动方式，可以在场上占据有利位置。尤其是在当代篮球中，由于空间竞争和空间合作非常紧张，所以运动员弹跳和滞空能力是反映他们身体素质的重要指标，也是判断他们是否能够控制且使用高超技巧进行综合对抗的重要指标。在竞赛中必须要求运动员连续不停地、不加手臂摆动地起跳去争夺空间优势，有时又要求运动员不加助跑原地单脚或双脚向上方或向侧方起跳去封盖或抢断球，有时又要求运动员在起跳后腾空或飞越时完成各种技术动作，这些都是由篮球运动本身的特点所决定的，因此跳在基本功中是不可忽略的。

三、腰功训练

腰功就是利用腰的运动来控制身体的平衡，并把握好重心，从而完成各种篮球技术。通常，腰功包含伸展、收屈、扭转等。

（一）伸展

伸展运动是一种特殊的运动，它是通过腰部、胸部、腹部和背部的综合发力，来让上身能够自然地向上伸展。由于篮球运动本身的特性，因此伸展在篮球比赛中发挥着重大的作用。因为许多技术动作对选手的伸展能力有着很高的要求，比如在空中抢篮板、各种投篮和传球等技能，如果没有良好的伸展能力，那么就无法完成标准的技术动作。

（二）收屈

收屈是腰、腹、背的综合发力。这和腰部的伸展功能一样重要。腰腹的伸展收缩，对拓展比赛场地，增强各类攻防运动中的爆发性、柔韧度具有重要意义。比如，篮球运动员在完成各项技术动作的过程中，身体的拉伸和弯曲要达到最大限度，同时也要能伸缩自如，这是篮球运动中比较明显的特征。又如，在接到球的那一刻向前迈出一大步，这个时候，运动员身体的有关部位要松弛，以满足拉伸的需求，但在接到球后，腰部要快速收缩，并把重心放低，同时要保持稳固的姿态，为接下来的技术动作做充分的准备，以便快速进行下一个技术的转换。收屈与拉伸是一个互相转换的过程，它们对身体平衡的调节及动作的连接起着重要的作用。

（三）扭转

扭转是指通过腰部、背部的突然发力来带动上半身的转动，从而改变身体的方向与方位。人在转身的时候，都要借助腰部和腹部的旋转来推动自己的身体，这也能够凸显出腰部力量。而扭转动作是篮球运动中应用最多的动作，其基础能力的好坏主要依靠腰部力量的大小。

四、眼功训练

眼功训练就是利用双眼来观察，以及利用余光来扩展视野的能力。通常眼功有瞄视、扫视、环视、虚视等。

（一）瞄视

瞄视是一项最基本的视觉技巧，是篮球运动员在近距离内对目标物体进行直接观察的能力。其特征是：在视觉上物体与物体之间有一定的距离，而且是相对静止的。主要用于定位、定点投篮时对篮筐和篮板的瞄准，以及对近距离防守球员的观察。

（二）扫视

扫视是一种具有较长视距和快速反应的专项视力技术。由于现代篮球运动中攻防转换的全方位提升，在短短几秒之内经常会有超过 2 次的防守循环，所以在攻防转换的那一刻，球员眼睛的视力是否灵敏，就会对攻防之间的转换产生直接的影响。快速的观察、准确的判断都会让攻防之间的转换变得更快。特别是在观察目标对象的时候，扫视就成了一种重要的方法，可以让运动员在第一时间跟紧对手，增大获胜率。

（三）环视

环视是一种快速转动视线、环顾周围物体的视觉能力，是篮球选手在比赛中最常用的，也是最具攻击性的。其特征是：以眼睛的侧斜视为主，同时进行多个点或多个侧面的观看，而目光的转动只以物体的形状和衣物的颜色为基础。所以，环视战术在比赛中被人们普遍应用于进攻和防守的竞争中。

（四）虚视

虚视是基于上述三种观察技能的一种综合性的应变性视觉技能，即借助眼睛的斜、转、睁、眯等动作，与面部、腰部、手部、脚部的各种动作结合，使对手真假难辨，从而主动制造出种种攻守机会。例如，进攻时"视东击西，视人袭球"、防守时"视前防后，视上堵下"等，这便是"声东击西"的眼睛假动作攻击。然而，这一视觉技能的形成，除了进行必要的专门性训练，更多的是靠运动员积累比赛经验。

第二节　高校篮球体能训练

一、高校篮球力量训练

（一）篮球运动力量特点和训练要求

一名优秀的篮球运动员想要将自己的力量和爆发力发挥到极致，不能只靠单一的动作来完成，而需要各个运动环节，以及各个工作肌肉群之间的协同合作。篮球运动员必须具有综合的力量素养，要求上肢、下肢、腹部、背部肌群得到协调而均衡的发展，还要对主动肌、对抗肌和协同肌进行强化练习。

篮球运动员在力量训练中，需要考虑篮球运动的特殊要求。比如，一般的健身动作中的下蹲和篮球比赛中的急停跳跃在力量训练方面有显著区别。举个例子，膝盖的运动损伤往往不是因为膝关节的伸展力量不够，而是由于着地时缺乏缓冲力量造成的。篮球运动员进行力量训练需要选择与篮球专项训练相一致的肌肉收缩方式。力量训练需要采用与篮球运动技术结构相符合的动作方法，并将运动员的最大力量和快速力量转化为篮球专项能力，如跑跳和对抗能力。

（二）高校篮球力量训练方法

1. 上肢力量训练

A. 负重推举练习。

B. 卧推练习。

C. 负重伸屈臂练习。

D. 两人一组，一人侧平举，另一人用力压手腕对抗练习。

2. 腰腹力量训练

A. 单、双脚连续左右跳过一定高度的练习。

B. 仰卧举腿，仰卧折体，仰卧挺身。

C. 跳起空中收腹、手打脚、转身、空中传球或空中变化动作上篮等。

D. 利用杠铃负重转体、挺身。

3. 下肢力量训练

A. 徒手单腿深蹲起练习。

B. 徒手半蹲或背靠墙半蹲练习。

C. 负重提踵练习。

D. 深蹲跳练习。

E. 两人一组，利用人的体重进行负重半蹲起练习。

4. 爆发力训练

A. 连续快速跳起摸高练习。

B. 全场连续蛙跳练习。

C. 中场三级跳上篮练习。

D. 全场连续多级跳练习。

E. 负重投篮练习。

二、高校篮球速度训练

（一）篮球运动速度特点和训练要求

篮球运动的跑与田径比赛中的跑是截然不同的。在篮球运动中，要注意队员和竞赛对手的运动，同时进行跑动和滑行；不仅要向前奔跑，还要向后奔跑。这就需要选手有不同运动速度去满足不同的竞赛需求。

在篮球比赛中，呈现出了三种不同的速度特点。首先，篮球竞赛就是一场重复的、持续的、高速的疾跑；其次，由于人体的重心位置较低，所以要经常变换方向；再次，快速起步，对短程加速和长距离变速都有不同的要求。

这些特点表明，在篮球比赛中，运动员除了具备较高的 ATP-CP（磷酸原系统）能量供应外，还应具备较高的葡萄糖酵解水平。

在篮球速度的培养上，应着重培养起跑速度、加速跑速度和速度耐力。由于篮球场的空间很小，所以按照篮球的运动特性，对篮球运动员的速度提出了如下要求。

第一，在篮球运动的早期阶段，要将速度训练列入日程计划中。

第二，要把重点放在提高运动次数上。

第三，在快跑的练习中，要注意配合技术动作。

第四，在时间和空间上，要训练反应判定和反应起始速度。

（二）高校篮球速度训练方法

1. 基本步法训练

（1）小步跑练习

膝盖微微弯曲，身子笔直，脚跟抬高。在奔跑的时候，前脚掌要接触地面，腿要尽量伸展，将注意力集中在前脚上，而不是在全脚上。当右脚离开地面时，左脚要在地面上滑行。

（2）高抬腿跑练习

在高抬腿跑步中，双足应该先着地，同时膝盖也要伸直。当一条腿伸得笔直，另外一条腿就要与地面平行。当膝关节抬高至最高处（即双腿与地面平行）的时候，踝关节向后弯，脚要在膝关节之下。

2. 起动跑训练

A. 原地或移动中，根据信号突然起动快跑。

B. 起跳落地，立即起动侧身加速快跑。

C. 不同距离折回跑练习。

D. 用各种姿势起动，全速跑 10～30 米。

E. 5 米折回抢滑步练习。

F. 四步加速跑练习。

3. 篮球移动中各种跑的训练

A. 快速跑变中场后退跑练习。

B. 各种折线跑与抢滑步练习。

C. 折线起动侧身变方向跑练习。

D. 沿 3 分线急停、起动、侧身跑练习。

E. 沿边线侧身快速跑练习。

4. 结合球进行各种跑的练习

A. 单手全场直线快速运球上篮。

B. 全场只允许传 3 次球然后上篮的各种方式跑练习。

C. 直线或折线自抛自接球快速跑练习。

D. 全场传球快速起动跑练习。

E. 全场 3 人 "8" 字传球快速跑。

F. 加速快跑接长传球、地滚球上篮练习。

三、高校篮球耐力训练

（一）篮球运动耐力特点和训练要求

在耐力训练中糖酵解是篮球运动员的主要能量来源，因此训练的时候应侧重于最大乳酸能和身体耐酸性的训练，同时辅以有氧能量的锻炼。由于有氧能量供应是其能量代谢的前提，所以高能量供给的篮球运动员在比赛中能够更好地恢复体力。

针对篮球运动的耐力特性，对运动员的耐力训练有以下几个方面的要求。

A. 对篮球运动员而言，长期的耐力锻炼是不能中途放弃的。

B. 在耐力训练中，最重要的就是要加强有氧能力。

C. 耐力训练应凸显专项耐性。

D. 在比赛的早期，要加强有氧的耐力训练；而在比赛后期和赛前，要加强无氧耐力的训练。

（二）高校篮球耐力训练方法

1. 速度耐力训练

A. 200 或 400 米全速跑，每组间歇 1.5～2 分钟。

B. 1500 米变速跑，直道时全速跑，弯道时慢跑。

C. 30 米冲刺：10 次，每次间歇 15～20 秒。

D. 60 米冲刺：10 次，每次间歇 30 秒。

E. 3000 米、5000 米等长距离定时跑或越野跑。

2. 弹跳耐力训练

A. 用绝对弹跳 80% 的高度连续跳 20～30 次，重复练习，组间休息 2～3 分钟。

B. 连续跳绳 5 分钟练习。

C. 连续原地或助跑单手摸高，连续助跑起跳摸篮板。

D. 双脚连续跳 8～10 个高栏架。

E. 原地或沙地连续直膝跳、蹲腿跳、跳起抱膝。

3. 移动耐力训练

A. 看手势向各个方向移动，1 组 2～3 分钟。

B. 单人全场防守滑步。

C. 30 秒 3 米左右移动，5～8 组。

D. 全场、半场篮球赛，或小场地足球赛，要求人盯人防守。

四、高校篮球柔韧训练

（一）篮球运动柔韧素质特点和训练要求

柔韧指的是在屈伸转动的过程中，膝关节的伸展程度及长度。这依赖的是关节的骨骼构造，以及韧带、肌腱、肌肉和皮肤的伸展度、弹力。

身体的柔韧性是增强运动员身体素质、提高身体对抗能力的有效途径。良好的柔韧性还可以降低运动伤害，有助于改善体质。在篮球教学中应注重培养学生的身体柔韧素质，特别是青少年阶段，应把重点放在培养学生的身体柔韧性上。

对运动员的身体柔韧素质进行专门训练是非常有必要的。身体柔韧性的培养要从儿童早期开始，培养韧带的柔韧性，可以增强韧带和肌腱的弹性，以及肌肉的伸展力。在篮球比赛中，柔韧性的培养还应与其他身体素质的培养相配合，特别是要与力量素质的培养相配合，使肌肉、韧带柔而不软，让关节能够自由地活动。

（二）高校篮球柔韧素质训练方法

A. 两腿前后开立，两脚跟触地做弓箭步向下压腿。

B. 两臂做不对称大绕环转肩动作，在背后一手从上往下，另一手从下往上，两手在背后做拉伸练习。

C. 在地板上做"跨栏步"拉压腿、胯。

D. 两手手指交叉相握，手心向外做压指和压腕动作，向下、前、上两侧充分伸展手臂。

E. 两腿交叉直立，上体前屈手摸脚或地面。

F. 左右弓箭步练习，手放在脚上，连续左、右弓箭步练习。

G. 使用器械或在运动员之间进行压肩、拉肩、转肩背以及各类压腿拉腰、背和全身拉伸等动作。

五、高校篮球灵敏训练

（一）篮球运动灵敏素质特点和训练要求

在培养篮球运动员灵敏素质的过程中，要综合提高反应速度、爆发力等与灵敏属性有关的能力，增强肌肉的弹力，增强关节及韧带的拉伸能力，从而让篮球运动员的各项能力得到更好的发展。

（二）高校篮球灵敏素质训练方法

1. 反应判断能力训练

A. 按口令做相应、相反动作。

B. 原地、行进间或跑步中听口令做动作。

C. 听信号或看手势急跑、急停、转身、变向练习。

D. 听信号的各种姿势起跑，如站立式背向姿势、蹲姿、坐姿、俯卧撑姿势等。

E. 一对一脚跳动猜拳、手猜拳及打手心手背、摸五官等练习。

F. 一对一互看对方背后号码。

G. 一对一追逐模仿练习。

H. 跳绳练习。

I. 叫号追人、抢占空位、追逃游戏、打野鸭、抢断篮球等各种游戏练习。

2. 协调能力训练

A. 模仿动作练习。

B. 简单动作组合练习。

C. 徒手操练习。

D. 做不习惯方向的动作练习。

E. 起体前屈摸脚练习。

F. 做小腿里盘外拐练习。

G. 一对一背向互挽臂蹲跳进、跳转。

H. 双人头上拉手向同方向连续转练习。

I. 脚步移动练习。

J. 改变动作的连接方式。

K. 练习"二踢脚""旋风脚"武术动作。

L. 双人一手扶对方肩，一手握对方脚腕，各用单脚左右跳、前后跳、跳转。

M. 双人跳绳练习。

六、高校篮球弹跳训练

（一）篮球运动弹跳素质特点和训练要求

弹跳性是指利用肢体与身体共同发力，从而快速地将身体弹离地面。良好的弹跳能力，不但可以增强空中动作的优势，对攻防的掌控技巧以及对完成难度较高的动作也有很大的帮助。

在篮球竞赛中，篮球运动员弹跳能力的发挥呈现出多维度的定向特征。篮球运动员能够在持续时间内以较快的速度完成弹跳。对篮球运动员弹跳力进行大强度、低次数的训练，并采用恰当的间隔练习，可以充分提高篮球运动员的弹跳力。

（二）高校篮球弹跳素质训练方法

1. 各种徒手跳跃练习

A. 原地直膝向上连续跳。

B. 跳起后小腿后屈，双手触脚。

C. 连续蛙跳、半蹲、全蹲纵跳起。

D. 单足交替向前跨跳、行进间单足交叉跨跳练习。

E. 两脚交替直线向前跨跳和直线向前左、右跨跳。

F. 原地跳起收腹、直腿纵跳练习。

G. 连续做收腹跳，在空中手触脚尖。

2. 利用器材的练习

A. 跳绳练习。

B. 连续跳台跳深练习。

C. 双脚连续跳过栏架。

D. 高台单双足交替跳上跳下。

E. 在由低到高的橡皮筋上连续向上跳。

F. 行进间摸篮筐或篮板接原地起跳摸篮筐或篮板。

G. 跑台阶、单足交替跳台阶、单足连续跳台阶、双足连续跳台阶。

3. 结合专项的练习

A. 两人一球，5 米距离，互相跳传。

B. 一人带球在篮筐左边和右边连续跳跃，跳到最高处的时候进行投球。

C. 把篮球投到篮筐里，在半空中完成三人一球的投篮动作。

D. 持球跳起空中连续托球打篮板练习，要求在最高点触球。

E. 两人一球，分别站在篮下左、右侧，连续跳起在空中碰板对传球，要求身体跳到最高点触球。

第三节　高校篮球心理训练

一、高校篮球一般心理训练

（一）表象训练

1. 表象训练概念与分类

表象训练是篮球运动中运用最为普遍的一种培养思维能力的手段。表象训练是指运动员在言语提示的引导下，不断地在脑海中勾勒出特定的体育活动的具体内容或情景，以此来达到增强情感掌控力的目的。表象训练能够强化运动员已有的技巧，使运动员在射击时能够拥有稳固的动态定型。因此，不管是在平时的训练中，还是在比赛之前，都可以通过表象来回顾过去的胜利场景，从而调整自己的心态。

"表象"是把过去的感官体验在脑海中重新塑造、重现的过程。人类在日常生活中经历了多种感官体验，包括听觉体验、视觉体验、味觉体验和本体感官体验。按照其依赖的感官机制，表象可以分为听觉表象、视觉表象、味觉表象和运动表象。另外，从表象的角度来看，它又可以分为内在表象与外在表象。内在表象是指选手亲身经历的某个特定的操作过程，其注重的是对自身行为的感知，而非视觉；外在表象则是把自己的动作想成某种行为。比如，以射门为例，通过内在表象感受到射门，从而实现这个运动表象，这依赖的是个人的身体感知。而外在表象依赖的是视觉表象，利用视觉来想象自己正在投射篮球。

2. 表象训练实施程序

表象训练是一项长期的、系统性的工作。从总体上讲，表象训练可分为基础表象和专项表象两个时期。

（1）基础表象训练

第一，教练员对运动员进行表象理解和有关表象的培训。通过练习，运动员相信表象训练会对他们产生积极的影响，并激发他们对表象训练的兴趣。

第二，评价运动员的表象表达能力。通过对表象表达能力的评估，可以发现其优点和缺点，为运动员制订相应的训练方案以供参考。

第三步，增强运动员的感官技能。由表象的概念可以看出，表象是大脑在没有外部刺激的情况下，重新构建过去的成功经历的一个过程。由此可见，如果没有较强的视觉感知能力，是不可能产生表象的。视觉化是人们最熟知的技能，也是最易于被人脑接收并储存的感官体验。但是，对主体的感官功能而言，由于这种感官体验难以储存，因此就要求运动员在完成动作时通过身体发力的主体感受及信息处理，对其进行存储和记忆。

第四步，表象清晰性与控制性训练。在表象训练中，清晰性与控制性是两个重要特征，也是评价运动员表象能力的标准。表象清晰性不仅包括视觉表象的清晰性，还包括在技术动作运用中涉及的所有感觉的清晰性。练习清晰性主要是提高运动员表象的鲜明生动性与真实性。表象清晰性的练习方法有手掌观察练习、冰袋练习及提桶练习等。比如，手掌观察练习是观察自己手掌纹路的深浅、粗细、走向、交叉等特征，之后闭上眼睛进行回忆，看能否在脑海中回忆出自己手掌的模样，越清晰越好。而表象控制性是指运动员是否能够对自己的表象进行操控，如将头脑中表象的画面缩小或扩大。

（2）专项表象训练

进行基础表象训练后运动员的表象会有一定程度的提高，之后，就可结合具体的专项技术或情境进行专项表象训练。在篮球专项表象训练中，既可以对相关技术进行练习，也可以结合具体情境进行动作表象练习。以投篮技术为例，表象训练要将内部表象与外部表象相结合，外部表象中可以加强对动作结构的认识，内部表象可以加强肌肉本体在投篮动作中的感觉体验。

结合具体情境的投篮动作表象，是指结合比赛中的各种情境来实施的表象。表象训练应当是各种技战术训练的重要组成内容，它可以在各种环境下来进行。此外，为了确保表象训练达到效果，教练员必须准备各种表象训练脚本供运动员参考。

（二）注意力训练

1. 篮球运动员的注意力表现

在篮球比赛中，运动员要时刻保持注意力集中，才能发挥出自己的竞技水平。例如，在罚篮时，运动员需要将自己的注意力集中在篮筐和篮板上，同时要忽视观众席的各种干扰和噪声，在比赛中，运动员要专注于比赛本身，及时捕捉相关比赛信息，作出相应的决策和技术动作。

在篮球比赛中，运动员的注意主要包括外部注意和内部注意。外部注意主要是指运动员在比赛过程中要保持广阔的视野，进行传球跑位的选择、投篮的选择等；内部注意主要是指运动员要根据比赛实际情况选择合理的技战术，及时进行比赛应对。

2. 影响篮球运动员注意力的因素

（1）唤醒水平

在篮球比赛中，运动员的唤醒水平在一定程度上影响着运动员的注意力，唤醒水平过高，会消耗运动员的过多体能，唤醒水平过低，则不能使运动员做好比赛准备。因此，应该及时调整运动员的唤醒水平，使运动员可以保持充分的注意准备。

（2）体能水平

在篮球比赛中，运动员的体能水平在一定程度上影响着运动员的注意力。篮球运动是一项高强度的竞技运动，运动员的体能水平非常关键，只有保持充沛的体能，才能在运动过程中时刻保持注意力，准确发挥自己的技术，准确运用自己的战术，从而提高自己的竞技水平和比赛能力。

（3）运动技能熟练程度

在篮球比赛中，运动技能熟练程度也会影响运动员的注意力。这是因为，如果运动员可以熟练地掌握篮球运动技能，如左右手运球技能、脚步灵活运用技能，那么在比赛过程中就可以投入更多的注意力来关注场上其他形势，从而有充沛的其他注意资源来进行利用和开发。

3. 篮球运动员注意力的训练方法

篮球运动员注意力的训练方法主要包括以下两种。

（1）秒表练习

注视手表秒针的转动，先看1分钟，假如1分钟没有离开过秒针，再延长观察时间到2～3分钟，等确定了注意力不离开秒针的最长时间后，再按此时间重复三四次，每次间隔时间10～15秒。如果能坚持注视5分钟而不转移注意力，则为较好成绩。每天进行几次这样的练习，经过一段时间，注意集中的能力就会提高。

（2）模拟练习

主要通过模拟练习的方法熟悉运动情境中可能存在的干扰，减少干扰因素对注意力的影响，如通过对观众席的模拟训练减少助威声对运动员注意力的干扰。

（三）调节情绪训练

在篮球训练中，情绪因素是影响比赛实效的重要因素之一。无论是在比赛中还是在训练中，情绪都会流露出来，而情感又是决定运动员能否发挥出最佳水平的关键因素。篮球运动是一项激烈、快速、高难度的运动，其竞技状态极易受情绪因素的作用。

1. 放松训练

紧张、焦虑的感觉并不只是某些人才会有的，大部分人在遇到不熟悉的情况时都会表现出来。所以，在重大赛事中，运动员产生紧张、焦虑等情绪是非常常见的现象，最重要的是让自己放松下来。

"放松"也许是继忧虑之外，在篮球心理训练中又一个被普遍提到的概念。如果运动员在比赛过程中出现了紧张、不安的情绪，那么教练员就不可避免地要采取一些措施来缓解运动员的这些情绪。那么如何保持放松呢？"放松训练"这一方式就应运而生了。

放松训练就是在适当的环境下，让自己的精神高度专注，然后通过调整自己的呼吸让肌肉松弛下来，因此身体就会发生一些生理上的变化，这样才能让自己静下来。放松训练的目标是放松肌肉、减慢心率、缓慢呼吸，达到减少身体和心理觉醒程度的目的。

根据生物心理学的有关探究，人的心理和身体状况并非孤立存在，而是相互作用的。因此，精神上的紧张与焦虑，不可避免地会引起身体上的变化；而身体压力又不可避免地会引起精神上的混乱和焦虑。也就是说，人类的脑和肌肉之间存在着相互作用的关系。

此外，放松训练的理论可以参考詹姆斯-朗格情绪说。该学说认为，所谓的情绪就是对外周生理反应的体验。不可否认的是，主观上的情绪体验与客观上的生理反应虽然存在相应的联系，但这种联系不是一一对应的。放松训练的方法具体有渐进放松训练、自身放松训练、自我引导放松训练、呼吸放松训练、音乐放松训练等。无论采取哪种方法，都要遵循一定的要求，如安静舒适的客观环境、运动员积极主动地参与、教练员及时施加指导语、运动员时刻保持专注。

2.认知控制技术

放松训练属于一种行为干预技术，认知控制技术则属于认知干预技术。认知控制技术的实质是改变人的认知方式、思维方式等来调节人的情绪。合理情绪疗法认为，诱发人们出现情绪的因素并不是事情本身，而是人对事情的认知与态度。同样，不同的外部事件作用于不同的人，会导致人出现完全不同的情绪；而相同的外部事件作用于同一个人，也有可能导致人出现不同的情绪反应。因此，在调节刺激事件与情绪反应中，人对事物的认识是一个重要因素。然而，个体的认知方式在长期以来受到人的家庭背景、学校教育、生活经验、社会交往等因素综合影响，直观来说是人的一种习惯。因此，改变个体的认知方式需要一个系统长期的过程。下面阐述一下提高运动员认知水平的几种方法。

（1）关注可控因素

篮球运动员在比赛前有可能出现焦虑和紧张的情绪，出现这种不良情绪的原因是比赛往往会出现各种不确定的因素，如对手的实力太强、受伤等。不确定的因素使运动员感到十分"无力"，就会明显感到没有信心，这与日常生活中出现焦虑的诱因完全相同。当人头脑中的不确定感愈发强烈，其紧张焦虑的心理就越明显。例如，当面对实力不如自己的对手时，运动员的心里就不会感到紧张。然而，当面对一个强劲的对手时，运动员的紧张程度可想而知。此外，还有一个诱发焦虑情绪的因素就是比赛的不可控制性，比如去客场作战无法控制比赛场地的条件、在比赛中无法控制本方和对方的比赛感觉、无法控制裁判的判罚等。在通常情况下，运动员要把注意力集中在可以控制的方面上，少去关注那些不可控的因素，因为不可控性越高，产生焦虑的可能性就越大。

（2）自我谈话

在日常生活中，他人的流言蜚语会让自己的心态发生变化，从而导致自己心里斗争强烈；而篮球训练中亦是如此，教练员指导过程中的语言也会微妙地影响运动员的心理，而运动员心中的"自我"斗争会导致自己出现不良情绪。

运动员形成的很多认知方式都是受到训练与比赛中消极的自我谈话而引起的，所以改变消极的自我谈话方式非常重要。改变消极自我谈话的方式有三种，分别是认知重构、思维阻断及对立思维。认知重构就是采用积极的自我谈话取代消极的自我谈话；思维阻断是指通过特定的行为和言语阻止或打断消极自我谈话；对立思维是当头脑中出现消极的想法时思维立刻去想象积极的想法。

（3）理性看待成败

关于成功与失败，每个人心中都有一杆秤。为了使运动员能够有更多的内控性，要以具体的人或具体的任务为标准，去评判成功与失败。因此，篮球运动员要建立合理的目标定向。目标定向理论认为，人为了取得成功会形成两种目标定性，即任务定向与自我定向。任务定向的个体以自己为比较对象，自我定向的个体以其他对手为比较对象。由于他人是无法控制的，这样，自我定向的个体往往处于一个不可控的环境，因此就很容易产生失败的念头。对于篮球运动员来说，要更多关注自身的表现，也就是任务定向，要树立"想打败别人，先打败自己"的自我超越的意识。

3. 培养自信

很多篮球运动员都有这样的情况，那就是在日常训练中投篮、突破、传球等都展现出了很好的状态，但是在真正的比赛中却发挥不出自己应有的水平。这是因为在比赛中，运动员的心理肯定要比训练时更为紧张，精神上的压迫更明显，所以不论是运球、传球还是投篮、篮板，所有动作都略显僵硬。然而，紧张只是外在原因，内在原因是缺乏信心。其实，有些运动员有天赋、有能力，就是没有强大的信心。因此，他们在训练中有非常好的表现，但一到重大比赛就会发挥失常，这类运动员常被冠以"训练型运动员"的称号。

马滕斯（Martens）的多维焦虑理论很好地诠释了自信心对运动表现的影响。马滕斯认为，认知焦虑与运动表现呈负性线性关系，而状态自信心与运动表现呈正性线性关系。此外，还有很多研究指出，明星运动员与一般运动员的心理具有差异，而自信的差异是主要方面。事实上，在比赛中人们会发现，自信的运动员总会有好的表现，甚至是极其出色的表现。人的自信心水平越高，焦虑和紧张的程度就越低；反之，自信心水平越低，焦虑与紧张的程度就越严重。自信的运动员很少有消极的情绪，他们在比赛中处于较高的正性唤醒水平。

所以，避免紧张和焦虑的关键是提升自信。而提升自信的心理学方法可以引入班杜拉（Bandura）的自我效能理论。自我效能理论认为，影响个体自我效能的四个因素是成就经验、替代性经验、言语劝说及生理唤醒。如果运动员的头脑中长期形成失败的感觉，是不利于培养自信心的，教练员、运动员要把握一切机会去体验成功的感觉，每一次成功都会让运动员更加自信。

二、高校篮球专项心理训练

篮球专项心理训练就是针对篮球运动的特征和比赛需求，通过对运动员产生影响，促进其在极端压力的情况下，维持和改善自己的情感，达到自我心理调整的目的，使其竞技水平得以正常发挥。通过对运动员进行专项心理训练，可以帮助他们适应高强度的竞赛和高强度的运动，从而改善他们的竞技状态。

专项心理训练对篮球运动员的培养，特别是对高层次篮球运动人才的培养具有十分重要的意义。具体来说，其训练任务主要有以下几个方面。

第一，提高篮球运动员特殊的感知、记忆、思考和表象等心理智力。

第二，加强运动员对篮球训练的适应性，特别是对比赛的适应性，促使他们随时都能维持稳定的情绪状态及适当的兴奋度。

第三，激发篮球运动员良好的自我控制力。

第四，增强篮球运动员快速、精准的"时机感"。

第五，提高篮球运动员在训练、竞赛中调整及克服自身压力的能力。

第六，培养篮球运动员的意志品质，使其在训练、竞赛中达成预期目标。

可以说，在系统的篮球训练中，运动员注意力的集中、分配及转移在很大程度上决定着上述心理训练任务的完成程度。这些方面不仅对提高运动员的运动成绩起着重要的作用，而且是篮球运动员所需的心理素质。另外，意志力对提高篮球运动员的技战术水平同样具有十分关键的意义，它是一种自觉的、与理性及情绪相结合的素养，经常在困境中影响人的行动，给予人突破困境的动力。

第四章　高校篮球技术教学与训练

　　篮球技术是高校篮球运动的中心环节，学生只有熟练地运用好技术，才能在竞赛中取得良好的成绩，赢得竞赛的主动权。本章对高校篮球技术教学与训练进行了分析，主要对篮球进攻、防守、移动与抢篮板球技术进行了分析。

第一节 高校篮球技术基础

一、篮球技术的概念

篮球技术的概念有两种：一是从运动方式的观点来定义篮球技术的概念；二是根据实践进行定义。

篮球技术是一种以攻击和防御为目的的专项运动。篮球的技术动作有其自身的标准和方式，它不仅符合篮球比赛的规定，以尽快达到攻防对抗的目的，而且符合人类的运动规律，能突出运动员的个性特色。由于篮球运动在操作方式上具有特殊性和合理性，因此在竞赛中适当地运用各种技巧可以更好地完成攻防的特定任务。

篮球技术是攻防相争中应用专项动作的一种技术。从这一理念出发，篮球技术指的是运动员有意识的运动动作与操纵技能的体现，是一种技术性与有效性相结合的体育活动。

二、篮球技术的分类

篮球技术主要根据攻守双方的互动、人体运动学理论及各项技术动作的目标来进行分类。首先可以将技术动作归为两大类：进攻和防守。每个类别下又包含多个结构和功能相似的动作，每一种动作都有其独特的实施方法。这个体系主要是用来系统化分类篮球技术的。

从动作结构来看，篮球技术具体可分为进攻技术与防守技术，其中进攻技术包括传接球、投篮、运球与持球突破，防守技术包括防守对手、抢球、打球与断球。另外，移动与抢篮板球技术同属于进攻技术与防守技术的范畴。

第二节 高校篮球进攻技术的教学与训练

一、传接球技术

（一）传接球技术分析

1. 传球技术动作分析

（1）双手胸前传球

双手持球于胸腹间，两肘自然弯曲于体侧，呈基本站姿，眼平视传球目标。传球时后脚蹬地发力，重心前移，两臂前伸，两手腕旋内，拇指用力下压，食、中指用力拨球并将球传出。球出手后身体迅速调整为基本站立姿势。

（2）双手头上传球

双手手指尖朝上，从球侧面持球于头顶，肘部微屈，向传球方向跨步同时手腕后转，球移至脑后，将球向前抛出，手腕下转发力，做好随球动作。

（3）单手肩上传球

抱球双手放在胸前，双脚站直并排，传球时（假设选用右手传球），抬起右手托起球，左脚迈出半步朝着传球的方向，把球往右肩上方引，使右肘向外伸展。上臂与地面近平行，手腕往后仰。以传球目标为方向参照，将身体的左肩面向传球目标，然后将重心转移至右脚，迅速踩踏地面用右脚转身，同时挥动右前臂向前，并将手腕向前屈曲，在空中用食指和中指轻拍球，将球传递到目标球员处。球出手后，身体会向前倾斜，同时右腿会自然地向前迈出半步，保持基本的站立姿态。

2. 接球技术动作分析

（1）单手接球

以右手接球为例，右脚向来球方向迈出，接球时右臂微屈，手掌成勺形，手指自然分开，向迎球的方向伸出，同时迈出左脚。当手指触球后，手臂顺势后撤，同时收肩，上体微向右后转动。然后用左手辅助将球握于胸前。跳起用单手接高球时，可用手指尖触球后顺势卷腕的手法把球引到胸前双手持球。

（2）双手接球

双手接球时，两眼注视来球，手指自然分开，两拇指相对成八字形，两手呈半圆形。来球前，主动伸臂迎球，肩、臂、腕、指放松。接球时，指端先触球，同时两臂随球后引缓冲来球的力量，并做好衔接下一动作的准备姿势。

（二）传接球技术教学与训练

1. 直线跑动传接球练习

（1）练习目的

提高运动员行进间传接球速度。

（2）练习方法

两名队员一组，若干组队员从两侧同时进行练习，下一组队员在上一组队员过中线后开始练习。中轴是界线，不要越界，以免相互发生碰撞。

（3）注意事项

第一，传球要到位。

第二，传接球时要以最快跑速完成。

第三，每组传5次或3次球，不允许运球，投篮后不要使球落地。

2. 传球两人防守练习

（1）练习目的

提高运动员在有防守情况下的传接球技术。

（2）练习方法

五名队员为一组，三名队员传球，两名队员防守。将所有队员分成三组，三组队员分别在三个跳球圈中同时练习。传球队员在传球时，如果被防守队员的手碰到球，则该传球队员在防守位置防守，防守队员成为传球队员。

（3）注意事项

第一，传球队员必须用一只脚将跳球圈的线踩住。

第二，用假动作伺机传球。

第三，隐蔽传球意图，快速完成传球动作。

3. 全场二对二的传接球练习

（1）练习目的

促进运动员在有防守的情况下摆脱防守并提高传接球的能力。

（2）练习方法

四名队员一组，两攻两守。进攻队员传球后摆脱空切，或做摆脱斜插接球，将球推进到对侧上篮，返回时进攻队员与防守队员交换位置。

（3）注意事项

第一，提高传接球难度，不允许接球后运球。

第二，要快速起动完成摆脱接球。

第三，进攻队员要运用假动作迷惑防守方，相互做好配合。

二、投篮技术

（一）投篮技术分析

以原地右手投篮为例，站姿为双脚分开，右脚略微向前，以两腿支撑身体重心。双臂屈曲，手腕向后弯曲，掌心朝上，五个手指摊开，右手握着球放在眼前稍高处，左手放在球的一侧协助扶持。身体微微弯腰，并微屈膝盖，目视篮球架中央。在投球时保持下身的蹬伸状态并依照身体的动势来发力，伸展躯体，然后顺势向上提升手肘并向前伸展胳膊。接着，利用手腕的弯曲带动手指柔和有力地弹出篮球。最后，自然地延伸右臂，实现投篮的动作。

（二）投篮技术教学与训练

1. 全场推进后投篮

（1）练习目的

提高运动员在全场快速推进中的投篮命中率。

（2）练习方法

两名队员直线传球推进，到弧顶附近中投。全场以中轴为界分开，两组队员同时进行练习，为加大练习密度，在上一组过中线时下一组开始练习。

（3）注意事项

第一，要快速传球推进。

第二，快跑中接球急停时，应控制好身体重心，以提高投篮命中率。

2. 抢30分投篮比赛

（1）练习目的

第一，提高运动员的竞争意识，有效培养运动员的集体主义精神。

第二，使运动员在胜负压力下准确投篮。

（2）练习方法

三名队员一组，将所有队员分成两组，两组队员分别站立在罚球线两侧。教练员在场地上画好线，队员投篮时不能踩线。教练员发出信号后，两组的排头队员开始投篮，投中计 2 分，没投中时，可在球落地前抢篮板球再投，投中计 1 分。如果第一次投篮没中且球落地，则不计分。排头队员投篮后，给第二位队员传球，按同样的方法投篮，依次练习，先得 30 分的一组则为优胜组。

（3）注意事项

第一，如果投篮出手前脚踩线，则按犯规处理。

第二，两组队员每投中得分，集体报累计次数，并让另一组队员听到。

3. 自投自抢投篮比赛

（1）练习目的

培养运动员的竞争意识与集体主义精神。

（2）练习方法

将全体队员分成四组，分别在两个半场投篮。开始比赛时，每组排头队员持球自投自抢篮板球，抢到后给同一个半场另一组前面的队员传球，传球后跑到接球队员的队尾。另一个半场同样按这样的方法练习。

先投中 30 个球的一组优胜，比赛 3 局或比赛 5 局，以 3 局 2 胜或 5 局 3 胜来判定结果。

教练员应提前在投篮处画线，规定投篮队员投球前不准踏线，否则按犯规处理，这样可以保证每组队员机会和条件相同。

（3）注意事项

第一，每组都要按顺序投篮。

第二，投篮后自己抢篮板球，每组投篮都是用一个球。

三、运球技术

（一）运球技术分析

运球是指运动员在原地或者移动中用手部连续拍球，使球通过地面的反弹力弹回球员手中的连续过程。在篮球比赛中，运球是控制、支配球权，组织全队进攻及突破防守的重要手段。

1. 低运球

两腿快速弯曲，降低重心，躯干前倾，球放在体侧，用躯干和腿来保护球。手指和手腕短促地按拍球的后上方，将球的弹跳高度保持在膝关节高度，两腿向后蹬地，快速推进。

2. 高运球

前臂自然伸屈，以肘关节为轴，用手腕、手指的力量轻柔地按拍球的后上方；将球的落点控制在运球手同侧脚的外侧前方，球的高度在腰与胸之间。

3. 运球急停急起

在连续的运动过程中降低重心，两步急停，用手按拍球的前上方，将球静止。

急起，双脚用力向后抵，躯干前倾并急速起动，同时按拍球的后上方，做到人球合一，齐头并进。

4. 转身运球

以右手运球为例，变向时左脚在前，右手左后转身的同时把球拉到身体的侧后方；按拍球，使其落在身体的外侧方。

换左手运球，加速前进。

5. 胯下运球

以右手运球为例，变向时左脚在前，右手按拍球的右侧上方，使球从两腿之间运到身体的左侧。

换右脚上前，左手运球，加速前进。

（二）运动技术教学与训练

1. 全场一攻四守运球突破练习

（1）练习目的

提高运动员运球突破防守队员的能力。

（2）练习方法

图 4-1 表明❶❷❸❹的防守位置，其他队员在端线外持球站立。①运球突破❶❷的第一道防线，然后再突破❸❹的第二道防线，突破后迅速上篮。①过中线后，后面的队员进场练习，依次进行。若干练习后，攻守队员互换继续练习。

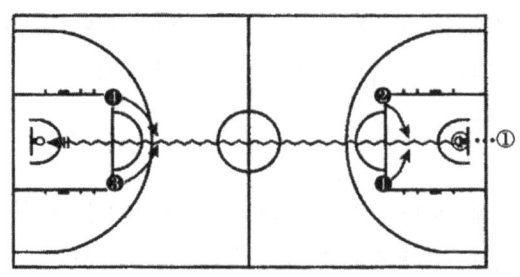

图 4-1　全场一攻四守运球突破练习

（3）注意事项

第一，防守者不能过中线。

第二，进攻者用假动作迷惑对方，在与防守方接近时伺机加快速度突然突破。

2. 行进间接球转身运球突破练习

（1）练习目的

提高运动员运球突破防守队员的能力。

（2）练习方法

图 4-2 表明①拉开边线接球，运用前转身或后转身运球突破的方法突破❶的防守，到达❶位置后，继续进攻。基本上同上一练习，只是在①拉边接球时，运用后转身（右手放球）或前转身（左手放球）运球突破的方法突破⊗$_1$的防守（如果①从左路边线接应，转身时放球手相反）。其它同上一练习。

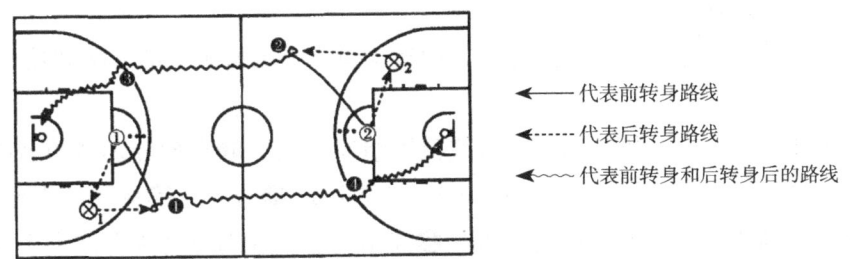

图 4-2　行进间接球转身运球突破练习

（3）注意事项

第一，选择前转身或后转身的方法时要以防守队员的位置为依据。

第二，转身放球时肩部要有意识地护球。

3. 全场一攻一运球加传球后摆脱练习

（1）练习目的

提高运球队员在防守中准确传球及传球后摆脱防守接球能力。

（2）练习方法

如图 4-3 所示，教练员在⊗$_1$和⊗$_2$传球，每两名队员一组共用一球，一人进攻一人防守。进攻队员①从端线运球，❶防守①，①给中圈附近的⊗$_1$，传球后，摆脱防守接回传球后，然后运球向前场行进，过中线后给在弧顶附近的⊗$_2$，传球后，摆脱防守接回传球，然后继续进攻。上一组的进攻队员过中线后，下一组再进场按同样的方法练习。攻守方交换练习。

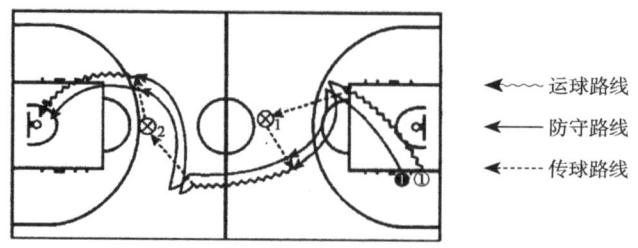

图 4-3　全场一攻一运球加传球后摆脱练习

（3）注意事项

第一，运球时对防守方以及队友的情况进行观察，伺机传、接球。

第二，运球时有意识地保护好球。

4. 运球中突然传球练习

（1）练习目的

提高运动员运球时防止夹防意识，使运动员掌握突破夹防的方法和技术。

（2）练习方法

如图 4-4 所示，①和②在后场边线位置组织进攻，❶和❷分别对两名队员进行防守。其他队员两人一组，一攻一守。如③运球❸防守，❷将③的中路堵上，迫使③运球到边路，从而在中场附近与❷夹击③，③在对方还未形成夹击时，突然给②传球，②发起进攻。④一侧的练习方法与①相同，攻守方互换位置练习。

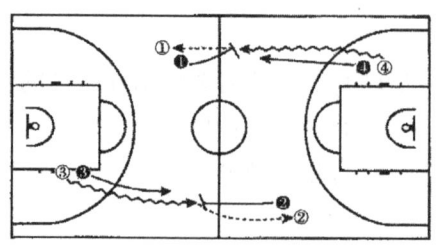

注：场上路线标识为场上各队员的路线

图 4-4　运球中突然传球练习

（3）注意事项

第一，运球时对防守方的意图和方法加以观察，灵活应变。第二，在防守方还未形成夹防时及时传球。注意将自己的意图和传球目标隐蔽起来，迅速果断传球。

四、持球突破技术

持球突破是运动员在有球状态下通过脚步移动、运球等技术的组合运用，突破对方防守的进攻技术。

（一）持球突破技术分析

持球的主要环节是蹬跨、转体探肩、推按球和加速。

1. 原地持球同侧步突破

以左脚作为中枢脚，从防守队员左侧突破为例，持球人双脚左右开立，微屈膝，将重心放低，把球放在胸腹之间。

躯干前倾，右脚快速向右前方跨一大步，与此同时身体右转，左肩下压。

左脚内侧蹬地，右手在左脚离地前推按球，使球在右脚外侧前方，之后左脚快速跨出一步抢占领先位置，运球加速过掉防守队员。

2. 原地持球交叉步突破

以右脚作为中枢脚，从防守队员右侧突破为例，持球人双脚左右开立，膝微屈，将重心放低，把球放在胸腹之间。

右脚向右前方跨出一小步，将防守队员吸引到身体右侧，同时右脚前掌内侧迅速蹬地，向左前方跨出一大步。

躯干稍向左转，右肩向前下压，重心移至左前方，将球推引到身体左侧，用左手推按球于右脚左侧前方，之后左脚蹬地，运球加速过掉防守队员。

3. 转身突破

（1）行进间突破

在无球跑动状态下，看到队友传过来的球后快速跑到来球方向，伸开手臂迎接来球。

一只脚发力蹬地，双脚腾空，向侧方或者前方跃出接球，与防守队员形成位置差后落地。

屈膝，降低身体重心，保持平衡，把球护住。

（2）后转身突破

以左脚作为中枢脚为例，背对篮筐站立，双脚或平行站立或前后站立，两膝弯曲，降低身体重心，双手持球置于胸腹前。

以左脚为轴向后转身，右脚向右侧后方跨一步，脚尖指向侧后方，躯干后转，压右肩。

右手向右脚的前方推按球，左脚向内侧蹬地，面对篮筐方向跨出一步，之后换左手运球，运球加速过掉防守队员。

（3）前转身突破

以左脚作为中枢脚为例，准备动作和后转身突破相同。

以左脚为轴，重心落在右脚，右脚前掌内侧蹬地，身体前转身，右脚向篮筐方向跨出一步，同时躯干左转，压左肩。

右手向右脚的侧前方推按球，将球推出，之后左脚蹬地，运球加速过掉防守队员。

（二）持球突破技术教学与训练

1. 原地做交叉步突破

所有运动员排两路横队站立，前后间隔5米，左右间隔3米。每人一球，按照以下方法进行持球突破练习，每只脚练习3~5次。

第一，以右脚或左脚为轴，进行交叉步突破练习。

第二，先以右脚为轴，双手持球上举假装投篮，之后迅速改变为交叉步突破；再以左脚为轴练习，动作要领相同，方向相反。

第三，先以右脚为轴，左脚向左上方跨步假装上篮，之后迅速改变为向右交叉步突破；再以左脚为轴练习，动作要领相同，方向相反。

第四，先以右脚为轴，头和肩做投篮的假动作，然后迅速变为交叉步突破；再以左脚为轴练习，动作要领相同，方向相反。

2. 原地做同侧步突破

所有运动员排两路横队站立，前后间隔5米，左右间隔3米。每人一球，按以下方法进行练习，每只脚练习3~5次。

第一，以左脚或右脚为轴，进行同侧步突破练习。

第二，先以左脚为轴，右脚向右前方跨一小步，躯干前移，假装向前突破，之后迅速变为同侧步突破；再以右脚为轴练习，动作要领相同，方向相反。

第三，先以左脚为轴，双手持球上举假装投篮，之后迅速变为同侧步突破；再以右脚为轴练习，动作要领相同，方向相反。

第四，先以左脚为轴，躯干假装投篮，之后做同侧步突破；再以右脚为轴练习，动作要领相同，方向相反。

第三节 高校篮球防守技术教学与训练

一、防守技术

（一）防守技术分析

1. 防守无球队员

（1）防接球

对无球队员的防守，重点是防止对方流畅地接到球。

一是要尽力约束盯防队员的接球，特别是不能让对方轻易地在禁区里抢到球；二是当对方队员的接球姿势差、不易拿到球时，要积极进行包围，防止对方轻易地将球传到接球者手中。

在防接球中，防守的重点应是"人球兼顾"，即防守队员要尽可能地将被防目标及球置于自己的视野内，并且要维持精确的防御姿态，放低重心，做好起动与运动步伐的衔接，并掌握好自身的平衡，站立在被防目标与球相对的方向上，双手伸开，构成一个"球—我—他"钝角三角形的落球位置。

（2）防切入

防切入是为了阻止攻击队员尝试下切，或者对突破后切入的攻击队员施加压力。

对防守的队员来说，避免出现"只看到球不看到人"的情况，在防守中要注意的是"人球兼顾、防人为主"，不能让球和被防目标离开自己的视野。当被防队员想要突破的时候，防守队员可以用前压、顶挤等方式来阻挡其进攻，用自己的身体来延缓对手的动作，并打击对手的斗志。

假如对方的进攻是朝着迎球方向来的，那么要做好相应的补位工作，在第一时间堵住对方的防线。当对手的进攻路线被堵住后，若对手不能顺利地接到球，那么就说明这次防守是非常成功的。

（3）防摆脱

防摆脱就是在对方没有拿到球的情况下，对对方队员的突破进行限制和拦截。一般情况下，进攻方突破对方的后卫线是想要平稳地拿到球，然后带球进行攻击。

从防守队员的视角来看，可以采用紧逼的方式，积极追逐防守，时刻关注球的动向，以及拦截对手的进攻路线。

篮球运动中很难对攻击方进行全面控制，因此防摆脱的关键是要取得一个比较有优势的站位。

2. 防守有球队员

（1）防运球

所谓防运球就是要减少带球队员的运球，让对手不得不改变运球路线及战术，让对手的球无法进入篮筐完成投篮。

一般来说，为避免被持球队员甩开，防守队员应该与对手相距一臂，手臂向下，双腿屈膝，以保持精确的防御姿态；根据比赛进度，预测对方的攻击意图，抓住机会，做好抢断、投篮、封盖等准备，尽可能地减少犯规。要想提高防御的刚性和力量，可以选择贴身防御，增加自己的覆盖范围，让对手产生恐惧心理，但是这样的话，很有可能会被判为犯规，所以防守动作必须标准。

要注意的是，防守中尽量不采用交叉步，用撤步与滑步，注意抢在运球队员前半步到一步距离进行阻拦，迫使对方向边线、底角或人多的地方移动。当进攻方采用急起急停、快速变向等策略来试图摆脱防守时，防守队员就要在其变换动作时抢先一步向后移动，控制身体平衡，相应地改变防守策略进行阻截。

（2）防传球

当进攻方持球队员远离篮筐时，其主要目的是将球转移给锋线队员，或者将球传给内线中锋。此时，防守队员要根据持球队员的举动来预判其真正目的，保持适当距离，视线不离球，提高注意力，当传球队员准备行动时伸展手臂进行干扰。如果持球队员陷入重围，或陷入死角，形成"死球"，那么防守队员应果断上前逼抢，封锁其传球线路。在对手传球之后，应该做到人球兼顾，防止摆脱和切入。

（3）防突破

①防守背对篮筐突破的持球队员

当盯防对象离篮筐较近，背向或者侧向球的情况时，防守队员处于"你—我—篮"的有利位置。

进攻队员接球后，如果双脚前后站立，后脚能够做中枢脚转身突破，就要对其转身一侧进行限制，与对方同侧的脚向后撤半步，手臂侧伸，另一手臂锁住对手一侧；当对方变向准备突破时，防守队员随之向后撤，向前逼抢，侧跨步阻拦。

进攻队员接球时如果两脚平行站立，就要结合持球队员距离篮筐的位置采取相应的防守策略。离篮筐较近时以防投篮为主，离篮筐较远时以防突破为主。保持适当距离，离得不要太近，以免造成犯规。

②防守面向篮筐的持球队员

选择适当的位置对防守面向篮筐的持球队员来说十分重要。防守队员根据进攻队员的接球位置、距离篮筐的距离、位置角度、来球方向以及同伴防守位置等情况，采取"堵强放弱"的策略，放一边，保一边，迫使对方调整位置，变换突破方向，降低速度，从而有利于本方通过撤步或者滑步来限制进攻队员的持球。

（4）防投篮

防投篮在于不让进攻队员顺利出手得分，防守要点是球到人到。通常，采取斜步防守将持球人紧紧贴住，挥起手臂，不断对持球队员的投篮进行干扰。对其是否要投篮进行准确预判，对其动作的真实性进行识别，当对方确实要出手时起跳伸直手臂干扰，封锁进攻方的出手角度，以降低对方的投篮命中率。在对手出手的一瞬间，防守队员要快速作出应答，张开手臂去干扰、封盖。

（二）防守技术教学与训练

1. 防守无球队员

图 4-5 表明两人一组，共用一球；进攻者①传球给站在前锋位置上的⊗，之后摆脱防守纵切，防守队员❶站在①的纵切线路上，进行封堵、卡位和阻截，迫使①改变纵切路线。之后二人交换角色，重复练习。

图 4-6 表明攻方后卫②持球，❶防守前锋①横切，迫使①从自己身后穿过限制区。防止进攻队员从身后穿过限制区。

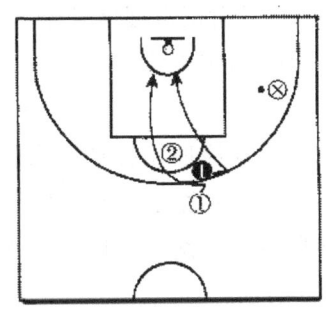 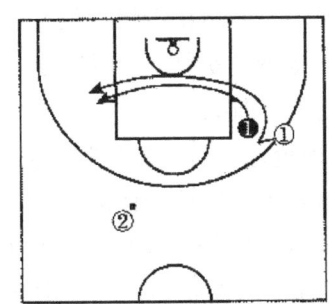

图 4-5　防守无球队员示意图一　　图 4-6　防守无球队员示意图二

2.防守有球队员

选取四组攻防队员,按照图中位置站立(见图4-7),所有人共用一球;进攻队员持球,进行各种配合,合理运用原地跨步、转身等动作但不出手投篮,防守队员看准时机运用抢球、断球等防守技术进行防守。进行若干次后,攻、守双方互换角色。

如图4-8表明,运动员两人一组,共用一球,在半场练习。进攻队员直接原地投篮或向左、右侧运球一次急停跳投,防守队员跳起进行盖帽。进行3~5次后,双方互换角色。

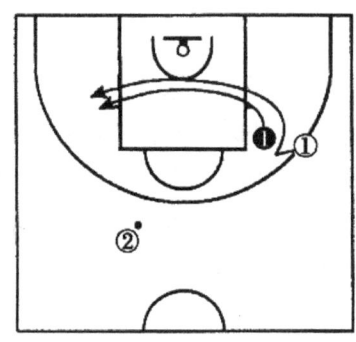 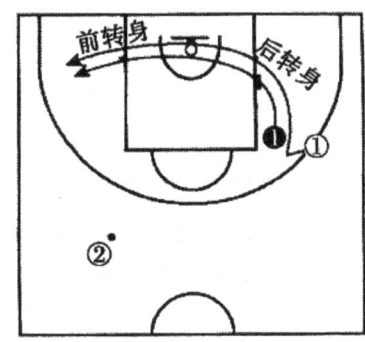

图4-7 防守有球队员示意图一　　　图4-8 防守有球队员示意图二

二、抢球、打球技术

(一)抢球技术教学与训练

(1)2人为一组,相距1.5米,相对站立。一人双手持球于腹前,另一人按抢球的动作要求,突然止步将球抢夺回来。持球者由正常握球开始,不断加大握球的力量,使抢球队员体会和掌握拉抢和转抢的动作方法。在每人抢若干次后,攻守交换继续进行训练。

(2)原地抢球训练。2人为一组,持球队员在原地做投切结合的脚步动作,防守队员学习并体会抢球动作的要领。训练一段时间之后,互换攻守。在抢球过程中,应该保持正确的防守位置,控制自己身体的平衡;抢球的动作应该果断,主要以小臂、手掌、手指短促动作突然抢球

(3)抢空中球训练。3人为一组,一人持球与其他2人面对站立,相距3—

4米，持球队员将球抛向空中，另外2名队员迅速起动、选位、起跳、抢球。

（4）抢地滚球训练。队员在端线两侧面对面站成两列横队。教练在端线中点向场内抛球，左右对应的2个队员快速冲向球，抢到球的队员向对面篮筐进攻，没有抢到球的队员进行防守，轮流进行训练。同时，为了提高练习者的反应能力，可以将两边的队员进行编号，在教练叫到某号时，两边同号的队员应该马上启动抢球，抢到球者进攻，没有抢到的进行防守。

（二）打球技术教学与训练

（1）接球时的打球训练。两人为一组，相距1.5米。持球人做出传球动作后，另一队员迅速上步打球，二人轮流进行练习。

（2）正面打运球队员的球的训练。在半场或者全场一攻一守的训练中，防守队员应该紧跟运球队员。当球刚从地面弹起时突然打球，2人轮流进行攻守训练。

（3）从背后抄打运球队员的球。2人为一组，一人进行持球突破，一人进行防守。在进攻队员持球突破的一瞬间，防守队员利用前转身上步，从运球队员身后，用靠近运球的手由后向前抄打球，之后进行上步抢球。2人轮流进行训练。

（4）抢篮板球下落时的打球训练。2人为一组站于篮下，一人把球抛向篮板，另一人跳起抢篮板球。在获得球下落转身时，投球者立刻上前打球。2人轮流进行训练。

第四节　高校篮球移动与抢篮板球技术的教学与训练

一、移动技术

（一）移动技术分析

在篮球的攻击和防御中，移动是最基础的一项技能，在使用不同的移动技巧的时候，首先要了解基础体位，此姿态必须平稳，而且便于行动，唯有快速而坚决的动作，才能在最快的速度里进行各项攻击和防御工作。这种基础体位通常被称作"基础站姿"。

移动的时候，双脚分开（左、右、前、后），双脚之间的距离比肩宽，膝盖向里弯曲，大腿与小腿呈135°，将重心转移到双腿上，上身微微前倾，手肘置于身侧，一边观察球场上的局势，一边维持自己的重心。这就是最基础的姿势。

在篮球移动技术中，有很多的动作技巧，如奔跑、跳跃、急停、跨步、进攻等。以下着重说明进攻步法的运动方式。

膝盖弯曲，后脚大力蹬地，前脚掌快速地向对方靠拢，前脚稳固身体重心，同时前脚的同侧臂也要向前伸展，以达到阻碍对方的目的，同时后脚快速接近左脚。

（二）移动技术教学与训练

1. 半场摆脱交叉切入跑练习

（1）练习目的

使篮球运动员结合自己的位置掌握摆脱、切入的方法。

（2）练习方法

每组两名队员。队员①给策应队员⊗传球后，①与②向篮下交叉切入，队员⊗给其中任意一名队员传球，切入队员上篮可分球，之后两名队员互换位置排到队尾（见图4-9）。

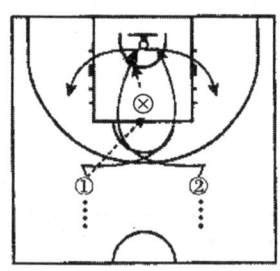

图4-9 半场摆脱交叉切入跑法练习

在后卫和前锋位置也可进行交叉切入跑练习。

（3）注意事项

传球后立即摆脱，然后快速起动。

2. 人字形滑步、撤步练习

（1）练习目的

第一，使运动员掌握各种滑步间的变换方法。第二，使运动员滑步的速度、灵活性得到提高。

（2）练习方法

所有参与练习的队员排成两行，相邻队员左右间隔3～4米，前后间隔大约5米。队员两脚前后开立，先前滑步2～3步，前脚撤向后面，然后侧后滑步2～3步，急停，另一脚分别做前滑步、后撤步、侧滑步的练习。左右脚都完成练习才是一组完整的练习，连续练习5～10组后安排休息。

（3）注意事项

第一，快速变换各种步法，滑步频率要快，重心要稳。

第二，向侧后方撤步，而非向正后方撤步。

第三，上肢配合下肢摆动。

3. 防守步法的综合练习

（1）练习目的

第一，使运动员掌握各种滑步方法。

第二，提高运动员各种步法的变换速度，同时提高运动员运用各种步法的灵活性。

（2）练习方法

队员保持基本站姿，观察手势，然后向不同方向滑步，每组练习1分钟，两组之间有30秒休息时间。

（3）注意事项

第一，根据教练员的手势变换滑步的方法。

第二，避免重心起伏，上下肢要协调配合好。

二、抢篮板球技术

（一）抢篮板球技术分析

1. 抢进攻篮板球

进攻篮板又称前场篮板，是本方投篮不中后由本方获得的篮板球。进攻篮板能够给本方制造第二次进攻的机会，所以进攻篮板球出色的队伍往往能争取更多进攻机会，这在比赛中非常重要。

当自己或队友出手投篮时，面向篮筐，对投篮的方向、速度、是否命中、不中后的落点进行预判，之后冲向球的方向进行补篮或抢下篮板球。

以从防守人身后左侧冲抢为例，进攻队员面向篮筐，右脚向右侧跨出一步，假装向右侧移动；以左脚为轴，右脚向左跨出一小步，重心落在左脚上，右脚立即向前绕前跨步，挤开对方球员，起跳补篮或者抢下篮板球。

2. 抢防守篮板球

防守篮板也称后场篮板，是防守时对方投篮不中后由本方获得的篮板球。当对方投篮后，应结合看防对象或盯防区域的位置与移动情况，采用规则范围之内的合理动作，阻止对手向篮下移动，抢占有利位置。起跳抢球时，两臂上摆，双脚踏地，身体与肢体向球的方向伸展，当跳到最高点时采用单手、双手或者单手点拨球的方式抢夺防守篮板。

（二）抢篮板球技术教学与训练

1. 两人托球碰篮板训练

两人一组，每组一球。①和②分别在篮圈两侧站立。①跳起托球碰板后给②传球，②跳起托球碰板后给①传球，连续做10～30次后排到队尾，依次练习（见图4-10）。

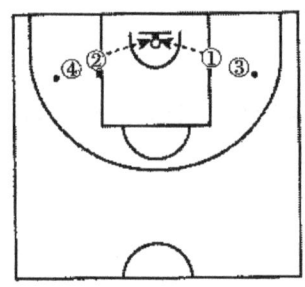

图4-10　两人托球碰篮板训练

2. 绕过防守抢前场篮板球训练

两人一组，每组一球。❶和①与篮筐相向而立，①投篮后，从❶身边绕过去抢篮板球，抢球后两人互换位置排到队尾，依次进行（见图4-11）。

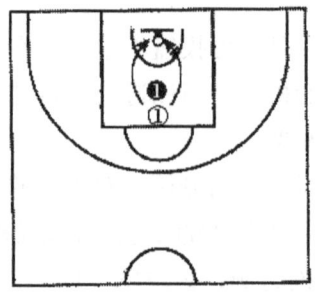

图4-11　绕过防守抢前场篮板球训练

具体有以下两种绕过方法。

第一种，直接从防守队员身边绕过。

第二种，与防守队员紧贴，然后360°转身绕过。

第五章　高校篮球战术教学与训练

在篮球比赛中，战术占有非常大的比重，而团队的战术素养将直接影响到竞技状态，所以在篮球教学与训练中，特别要注重战术的传授和培养。本章对高校篮球战术教学与训练进行了研究，以帮助大学生提高篮球战术水平。

第一节 高校篮球战术基础

一、篮球战术的概念

篮球战术是指在特定战略理念和策略的引导下,有针对性、有目的性地通过各种技能来完成攻防相结合的阵型动作,是在一定作战理念、作战观念掌控下的进攻或防守方式。

二、篮球战术体系

根据篮球比赛的对抗特征,可以将其分为三大体系:攻击体系、防御体系和攻防转换体系。根据战术的本质及参加战术活动的范围、数量等,可以把繁杂的战术分成不同的种类,每种战术都有自己的归属,把它们联系起来,就可以对篮球战术体系有一个更为直接的认识。

三、篮球战术的基本结构

(一)战术指导思想

战术指导思想贯穿篮球战术的每个环节,并决定着动作的执行。在篮球比赛中,战术指导思想是比赛胜负的关键。在比赛中,教练能否准确把握比赛规则与赛场进度,是决定战术指导思想是否客观的关键。战术指导思想有两个层次的含义:一是在篮球运动训练和竞赛活动的全过程中所贯彻的指导原理,这就是所谓的"持久战术指导思想",勇敢、顽强、快速、灵活、准确等标语,其实就是把战术指导思想融入整个球队中的一种表现;二是为特定的一次或若干次竞赛而设计出来的,如"稳扎稳打""以快制胜"等策略。正确的战术指导思想必须能保证篮球队具有明确的战术导向及技能特性,只有这样,才能更好地发挥战术的作用。

(二)战术意识

战术意识是在运用篮球战术的过程中的一种心理表现,是人们的思想能否与战术设置相匹配以及针对当前形势而作出的一种战术反应，以动作为主要表现形式。战术意识是运动员的战略思考技巧，它是运动员在训练中积累出来的有价值的经历，它可以让运动员在比赛中很自然地按照自己的战术目的和现实状况作出更加合理的动作。在竞赛中，战术意识具有定向、选择和控制等功能，可以让选手的战术动作更稳定，还能够反映运动员的战术水平。

（三）基础技术

良好的技术是正确执行战术的基础条件，队员之间合理运用技术才能体现出一定的战术意图。队员所掌握的全面实用、准确熟练的技术能够保障战术的顺利执行。篮球技战术之间紧密相连，不可分割，在比赛中的运用往往也是综合在一起的。运动活动理论认为，行动与动作是竞技行为的两个基本因素，竞技动作的相互联系就组成了竞技行为。所以在竞赛中，技术是必不可少的，没有技术，战术就是纸上谈兵。

（四）基本阵势

在篮球战术活动中，阵势是指其形态和方式。从外在来看，战术行动就是反映特定战术内容的阵势，因此阵势在篮球战术中是不可忽略的要素。战术的形式一般用专有词汇来命名，如区域联防中"2-1-2""2-3""3-2"等阵势，表明针对不同的进攻有着相应的对策。战术的阵势可以从各个方面来理解，从而使各种攻守战术的特点淋漓尽致地体现出来。

（五）战术方法

具体来说，战术方法就是篮球战术中所包含的原则、要求及程序等，主要包括场上运动员位置的安排、运动员的移动路线、球的传递路线以及赛场上的随机应变等内容。战术方法对比赛中的各项因素加以规定，对战术中运动员选取技术动作以及组合的方式等许多方面产生影响。战术方法的执行对运动员的技术能力有非常高的要求，同时阵势的设定在战术方法的实施中也发挥着重要的作用。

总的来说，技术是篮球战术的基础，而阵势则是战术外在的表现，方法在战术中是核心因素。战术指导思想则是在篮球比赛中必须贯彻的重要思想。战术意识则是运动员在场上的行动指南，行动又能够将意识反映出来，所以这两者的互动影响着战术的运用。明确篮球战术各方面的要素对篮球战术的认识、掌握和实施具有重要的意义。

第二节　高校篮球进攻战术的教学与训练

一、高校篮球进攻战术的教学

（一）进攻战术基础配合

进攻战术基础配合指的是在一场篮球竞赛中，由两个或三个攻击队员构成的基本协作方式。传切（空切）突分、掩护等是最常见的进攻配合战术。

1. 传切配合

传切配合是一种由传球和切入技术构成的比较简洁的协作方式，它的主要表现为传球和空切。它大部分用在攻击人盯人防御、扩展防守及篮下拉空，在配合的时候，队员必须能够很好地把握机会，把自己的球精确地传给队友。

传切配合是指队员在比赛中通过相互传递、插接等方式为球队制造更多的攻击时机，从而实现既定目标。为此，一般采用以下方式来实现此目标。

（1）基本传切配合

一传一切是篮球传切配合的最基本的战术方法，图 5-1 表明④传球给⑤，然后摆脱对手的防守，切入接的回传球并运球上篮。

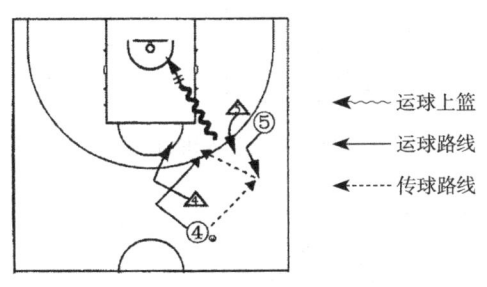

图 5-1　基本传切配合一

在篮球比赛中，空切配合是常用的传切配合方法之一，具体是指无球队员掌握时机，摆脱对手，切向防守空隙区域接球投篮或做其他进攻配合。图 5-2 表明⑤摆脱的防守空切篮下，接④的传球上篮。

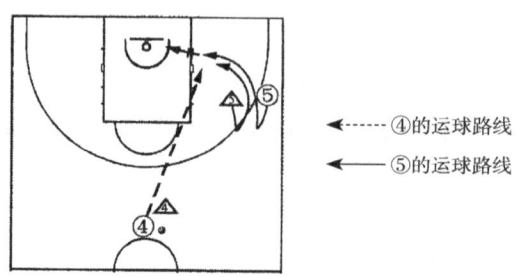

图 5-2 基本传切配合二

（2）二人传切

图 5-3 表明④传球给⑤后做向左切入的假动作，然后变向从右侧切入，⑤接球后回传给④的下一位队员，并做向底线切的假动作，然后变向从左侧横切。④切入后至⑤队尾，⑤至④队尾。依次进行练习。

（3）三人传切

图 5-4 表明④与⑤各持一球，④传球给⑥后从右侧切入接⑤传球投篮。⑤传球给④后，横切接⑥传球投篮。④⑤投篮后自抢篮板球传给本组的另一人。按逆时针方向换位，连续进行练习。

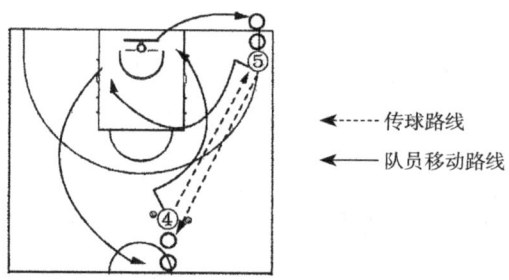

图 5-3 二人传切

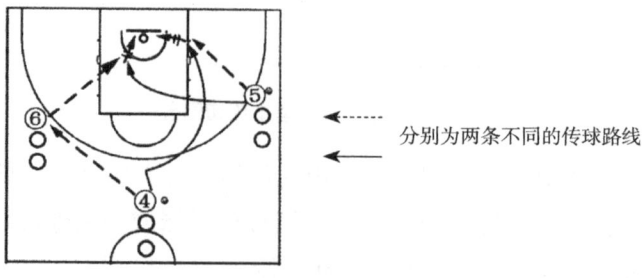

图 5-4 三人传切

2. 突分配合

突分配合是指在一场比赛中，球员带球过掉对方后，在对方换人、补防或"关门"等情况下，把球迅速传给没有防守或有较好攻击时机的球员而采取的配合战术。在篮球比赛中，突分配合主要适用于对方采用人盯人防守或区域联防的情况，如果实施得好，可有效打破对方防守布局，压缩防区，及时、准确地将球传出，给同伴创造最佳外围投篮或篮下进攻机会。

3. 掩护配合

掩护配合是指运动员在比赛中，通过自己的身体来阻挡攻击队员的进攻，从而让队友脱离对方的防守，得到投篮的机会。掩护配合的目的是通过进攻队员之间的配合移动造成对方防守局部负担过重，以达到预期的进攻目标，是攻破紧逼人盯人防守的最行之有效的方法之一。

4. 策应配合

策应配合在篮球比赛中应用范围较广泛，详细来讲，就是由内线球员用背部或者侧面接球，然后和队友配合来突破对方的防线，从而达到内外配合的攻击目的。这样做的目的在于使进攻队员通过运用策应配合战术，来创造进攻机会，以达到预定的进攻目的。

（二）快攻战术

美国教练约翰·伍登（John Wooden）明确地指出："快攻是教练员首先考虑的战术。"① 快攻战术是由守转攻时，在对方还没有组织防守之前以最快速度将球推进进攻前场的战术方法，其特点是速战速决、攻其不备。

1. 长传快攻

（1）抢篮板球后长传快攻

图 5-5 表明，⑤抢到篮板球后，应仔细观察场上的人、球情况，掌握发动快攻的时机，⑦和⑧及时快攻超越防守。⑤根据情况，长传球给⑦或⑧进行投篮。④⑤⑥应随后插空跟进。

---

① [美] 伍登：《实用现代篮球训练法》，韩之栋、张立新译，人民体育出版社 1992 年版，第 5 页。

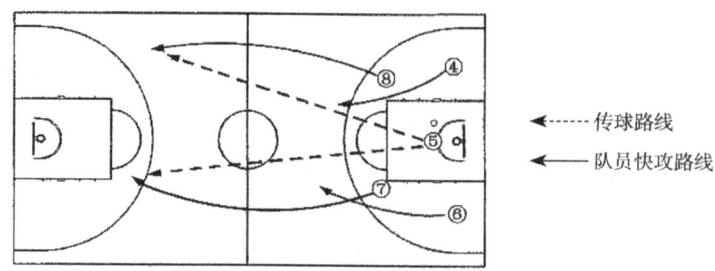

图 5-5　抢篮板球后长传快攻

（2）抢篮板球后接应发动长传快攻

图 5-6 表明，当⑤抢到篮板球后，⑦和⑧已经快下，但由于受到△的严密防守，⑤不能及时长传，此时⑤可立即将球传给⑥，⑥接应后根据场上情况，迅速将球长传给已经快下的队员⑦和⑧进行投篮。

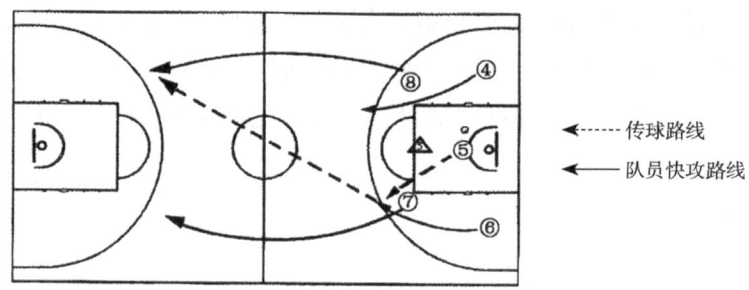

图 5-6　抢篮板球后接应发动长传快攻

（3）掷后场底线球长传快攻

图 5-7 表明，当对方投中篮后，离球近的⑥立即捡球跨出底线，迅速掷界外球，快速将球长传给快下的④或⑤进行投篮。

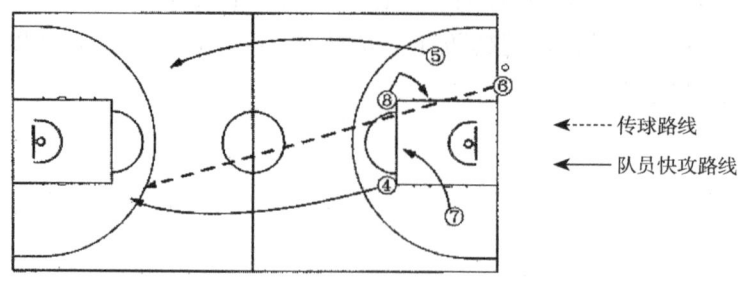

图 5-7　掷后场底线球长传快攻

（4）断球长传快攻

图5-8表明，⑦抢断⑥的传球后立即将球传给快下的⑤或⑥进行投篮。

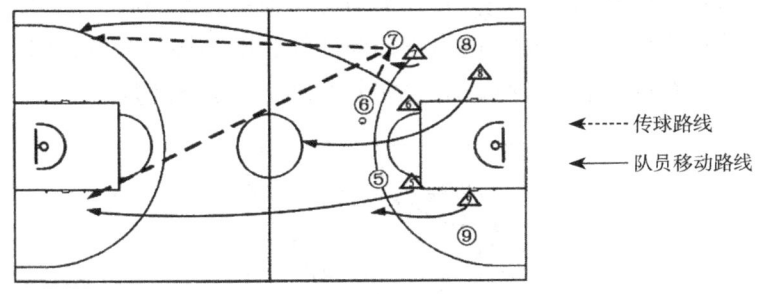

图5-8　断球长传快攻

2. 短传快攻

短传快攻是指防守队员在获得球后，以快速短传直逼对方篮下攻击的快攻形式，具有灵活、机动、多变的特点，容易形成以多打少的局面。

3. 运球突破快攻

在抢断球或获得篮板球后，抓住进攻时机，快速运球超越对手直攻篮下得分。

4. 快攻结束的配合

快攻的结束阶段是指在篮球比赛中，进攻方快攻推进到前场最后完成攻击时所运用的配合方法，是快攻战术成败的关键，经常以多打少结束快攻。

一是二攻一配合：利用快速传接球投篮。

二是三攻二配合：两边的队员要快速拉开向前，中间队员稍微拖后，从而形成三角纵深队形，从而扩大攻击面，根据情况选择合适的进攻路线，给对方防守施加压力。

三是人数相等时的进攻：在快攻的结束阶段，当攻防双方队员的人数处于均衡状态下时，运用区域上的优势，趁其站位未稳而对其发动攻击。

（三）进攻人盯人防守战术

1. 进攻半场人盯人防守

（1）进攻半场人盯人防守阵形

根据队员的身体条件、技术特点、战术素养等合理选择落位阵型，如"3-2"阵型、"2-2-1"阵型、"1-3-1"阵型、"1-2-2"阵型、"1-4"阵型等，以便于充分发挥本队特点开展进攻。

（2）进攻半场人盯人防守方法

掩护突破与空切配合：图 5-9 表明，⑥传球给⑤，④提上给⑤做掩护，⑤借助④的掩护持球突破到篮下；同时⑧提上给⑦做掩护，然后转身插向篮下，准备接的分球或抢篮板球，⑦借助⑧的掩护插向底线，准备接⑤突破分球，以便于⑤突破篮下时可以有自己上篮、分球给⑦或④或⑧投篮 4 个机会。

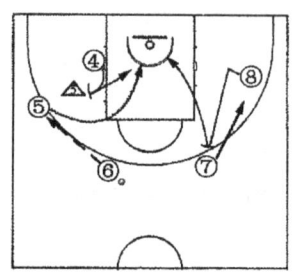

图 5-9　掩护突破与空切配合

掩护策应与传切配合：图 5-10 表明，⑥传球给⑦，然后去给⑤做侧掩护，④做假动作后插到罚球线上要球，⑧去给⑦做侧掩护，⑦传球给④后，借⑧的掩护向篮下快下，⑤借助⑥的掩护插到圈顶准备策应跳投，④根据情况做策应跳投或传给⑦准备投篮。

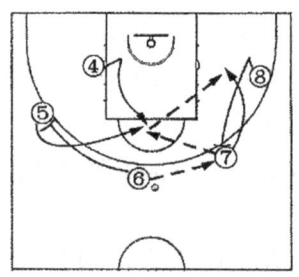

图 5-10　掩护策应与传切配合

2.进攻全场紧逼人盯人防守

（1）进攻全场紧逼人盯人防守阵势

篮球比赛中，进攻全场紧逼人盯人防守阵势主要有以下两种基本的落位阵势。

进攻时的全场紧逼人盯人防守：全体队员以最快速度分布到全场，扩大对方的防守范围，从而抓住对方防守的薄弱环节和空当，进行个人战术攻击和配合进攻。

由守转攻时的全场紧逼人盯人防守：全体队员集中在后场，甚至扩大到中线的区域，这样便于固定的进攻配合的组织，并有意造成前场空虚，以便快速突破和偷袭快攻。

（2）进攻全场紧逼人盯人防守方法

①快速进攻

快速进攻主要用于由守转攻时，是通过运用快攻战术来进行进攻的一种方法。这种方法能够有效破坏全场紧逼人盯人的防守。具体操作上来讲与快攻战术基本相同。

②"逐步"进攻

"逐步"进攻主要用于比赛中的守转攻的情况，如果没有空当，可以在进行快速反击的情况下，队员通过站住位置，来运用各种方法配合去突破对方紧逼人盯人防守。常见的进攻方法主要有掩护配合、运球突破、策应配合。

（四）进攻区域联防战术

篮球进攻区域联防是针对区域联防的阵型和变化特点，结合本队实际情况，组织相应落位阵型，通过传球和队员穿插，破坏对方整体防守，以实现良好的内外线进攻。该战术形式较多，最常用的主要是"1—3—1"阵型和"2—1—2"阵型。

1. "1—3—1"联防进攻

（1）中锋策应进攻

篮球比赛中，当外围队员持球时，将球传给中锋队员，中锋队员接球后，除个人攻击外有三个传球点，第一点传给横切的同伴，第二点传给空切篮下的同伴，第三点传给后卫队员，在策应过程中也可个人进攻。

（2）背插、溜底线进攻

外线队员要熟悉掌握配合的整体结构，准确传球，并在传球过程中调动防守，组织中、远距离投篮，迫使对方扩大防区。如果没有机会，一旦本队的外线队员接球时，同为外线的同伴应立即背插至底角，接传球后，远投或回传，组织进攻。

（3）三角穿插进攻

图 5-11 表明，⑦接到⑧的传球后，把球向左转移，⑥向左前方跳步接⑦的传球，由于⑥已进入投篮攻击点，△⑥出来防守⑥，此时内线④斜插篮下要球，△④必然去跟防守④，紧接着⑤向罚球线远端斜插要球，△⑤紧随其上，⑧同时空切篮

下接⑥传球上篮,这时🔺背对③,所以不会去防守⑧。该战术先后出现3次战机,成功的关键是穿插要球逼真,连续穿插衔接紧凑到位,传球及时到位。

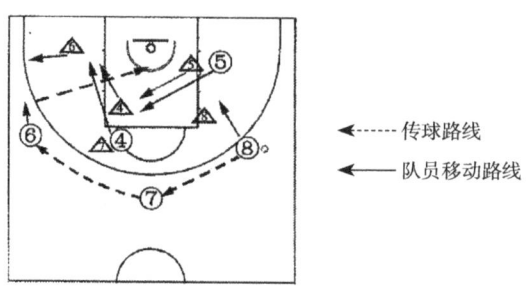

◄----- 传球路线
◄——— 队员移动路线

图 5-11 三角穿插进攻

2."2—1—2"联防进攻

在篮球比赛中,"2—1—2"阵型主要针对"3—2"区域联防站位,以迫使对方改变防守队形,使本方队员通过中锋策应、外围穿插、溜底线投篮等形式,形成局部区域的以多打少的局面,压制对方,争取主动。

二、高校篮球进攻战术的训练

(一)进攻配合战术训练

1. 传切配合训练

第一,全队分成两组,依次向篮下切入,切入篮下的队员分别跑到另一组队尾,依次进行练习。

第二,全队分成两组,每人一球,抢篮板球后按顺时针方向换位,依次进行练习。

2. 突分配合训练

第一,队员可每人一球做突破后传给固定位置接球的教练员。

第二,队员可从底线突破将球分给3秒区、对面零度角接应的队员。

训练中,注意随时观察场上攻守队员位置和攻守情况的变化。同时,既要做好向处于最佳进攻位置的队友传球的准备,也应做好自己投篮的准备。传球时应注意动作的隐蔽性,还应做到传球及时、准确。

3. 掩护配合训练

第一,练习者分成左右两组,对抗进行抢球投篮训练。

第二,图 5-12 表明,将练习者分成两组,站在④身前充当防守者,⑥跑到

⊗侧后方给④做侧掩护，④先做向左跨步切入假动作，待⑥做好掩护后，及时向另一侧切入，⑥适时地后转身跟进。然后两人互换位置，轮流进行练习。

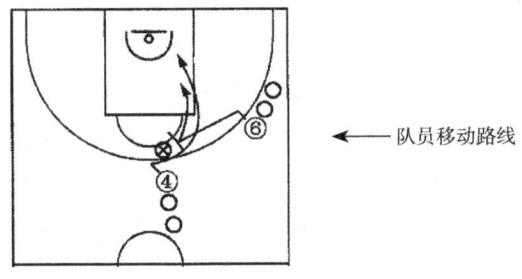

图 5-12　掩护配合训练一

第三，图 5-13 表明，⑥传球给④，然后去给④做侧掩护，④利用掩护运球切入时，⚠⑥换防④，④可将球传给转身跟进的⑥投篮。

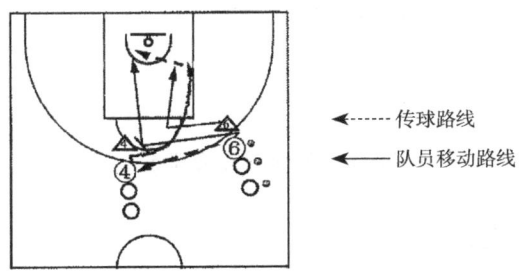

图 5-13　掩护配合训练二

第四，图 5-14 表明，⊗站在④身前充当防守者，⑥传球给⑤后，去给④做侧掩护，④先向左前方下压，做向左突破的假动作，待⑥做好掩护时，突然变向加速向右切入接⑤的传球投篮。⑥及时转身跟进抢篮板球。按顺时针方向换位，依次练习。

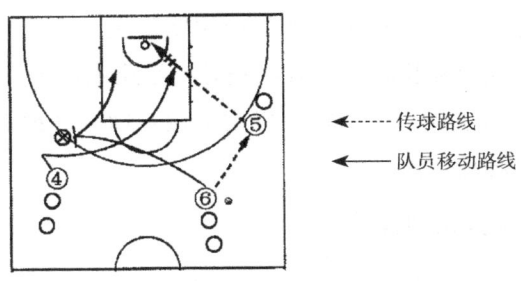

图 5-14　掩护配合训练三

4. 策应配合训练

第一，策应配合的分解训练。策应人策应动作的练习。策应人变向起动急停接球的动作要规范扎实。每人做一定次数后，换下一人练习。

第二，策应后接球转身做投篮练习，自投自抢篮板球。

第三，将练习者分为三组，按逆时针方向传球，传球后跑到下一组的队尾落位。

第四，图5-15表明，⑥传球给⑤，⑤回传并上提做弧线跑动要球，⑥传球给插上策应的④，然后切入篮下接④的传球上篮。三人轮转换位。

第五，配合训练应安排在基本技术教学之后，防守战术基础配合之前。

第六，训练过程中，加强教学、组织管理，重视学生战术意识的培养。

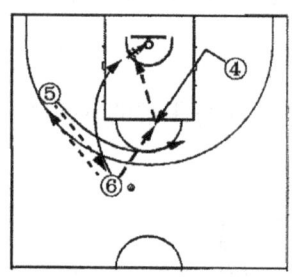

图 5-15　策应配合训练

（二）快攻战术训练

第一，通过全场长传球上篮训练和五人全场传球训练提高运动员的快攻战术运用的能力。

第二，训练中，重视学生对战术时机的判断与把握，要注意把握机会，在转换、接应、跟进等各个环节都要加快速度，球队的动作要统一，态度要积极，并且要在气势上压倒对方。

第三，战术实施过程中，选手技巧的应用要坚决、正确，战术组合需衔接紧密，以免影响提速，还要互相配合，有序整齐，三路进攻。

第四，在进攻中应主动争抢篮板，以便为接发球做好预备。快速反击不成功的时候应立即转移到阵地攻击上。

（三）进攻人盯人战术训练

第一，传切训练。将队员分成两组，由每组排头开始，依次进行。每组练习后，练习者排到另一组后面。

第二,二对二、三对三练习局部配合,如前锋与中锋,后卫与中锋,后卫与前锋,后卫、前锋与中锋等。

第三,五人进攻人盯人战术模仿练习。五人在无防守的情况下,初步熟悉进攻战术的路线和方法,明确主攻点、关键点和难点,以及战术的变化。

第四,半场一对一摆脱接球训练。将队员分成两人一组,先由一组队员进行练习,练习一定次数后,换一组进行训练。

第五,半场五对五攻守训练。五人一组,先由两组进行练习。进攻的一组按预定的配合方法进行练习,要熟悉进攻练习,了解不同的机会。防守的一组要人盯人,开始可以消极一些,但一定要跟着对手跑动。练习一定时间后,换两组上场训练。

第六,全场五对五攻守训练。五人一组,先由两组进行练习。全场五对五练习时,可结合快攻反击,把全场进攻与半场进攻有机地结合起来,注意进攻的衔接训练,训练中注意提高进攻组织速度。

(四)进攻区域联防战术训练

第一,溜底线、背插接球投篮训练,依次自投自抢篮板球,交换位置,反复练习。

第二,三人三球内外线配合训练。投篮后各自抢篮板球回原位。练习数次后按顺时针方向交换位置,依次进行练习。

第三,三人三球,背插、拉角内外线配合练习。

第四,半场无防守情况下的五人战术模拟练习。

第五,五对五半场进攻区域联防完整配合训练。在消极防守下熟悉进攻配合的方法,掌握投篮时机,暂不要求投篮。在此基础上进行积极防守下的全队练习,掌握进攻节奏,运用声东击西、内外结合的策略创造更多的投篮机会。

第三节 高校篮球防守战术的教学与训练

一、高校篮球防守战术的教学

(一)防守战术基础配合教学

1. 挤过配合

挤过配合是指在掩护物接近的瞬间,被掩护物接近的防御队员需向对手靠拢,并跟随动作，从两个攻击队员中间穿过，并持续防守对手的配合方式。挤过配合的特征是要尽量贴近对方，使对方不易得球，但很可能会犯规。

在应用挤过配合的时候，应考虑如下问题。

第一，在挤过配合的过程中，为了阻止对手反向突破，不要太早显露挤压配合的战术意图。

第二，在进行挤过配合时，要在两名攻击球员接近前，坚决地抢先接近对方，并迅速地向侧面挤压。

第三，防守队员应该在同时防御两个以上攻击队员的情况下，做好随时换人的准备，并将对手的战术告知队友。

2. 穿过配合

当进攻队员进行掩护时，防守掩护者的队员应主动后撤一步，让同伴（即被掩护的防守队员）能及时从自己和掩护队员中间穿过去，继续防守自己的对手，称"穿过配合"。穿过配合的特点是防守队员始终离对手很近，又不容易犯规，但需要同伴的及时配合。

穿过配合的基本要求如下。

第一，防守掩护者的队员应主动后撤一步选好位置，并及时提醒同伴，以便让队友穿过。

第二，当对方掩护时，防守掩护者的队员应撤步侧身，避开掩护者及时穿过。

3. 交换防守配合

交换防守是当对方进行掩护或策应时，防守队员之间及时交换自己所防守队员的一种配合方法。

交换防守配合的基本要求如下。

第一，在利用交换配合堵截进攻队员的攻击路线时，防守掩护者的队员应及时发出信号提醒同伴。

第二，在掩护队员转身切入之前，防守被掩护者的队员应及时撤步，以抢占有利于防守的位置。

4. "关门"配合

"关门"是邻近的两个防守队员协同防守持球突破的配合方法，像两扇门一样"关闭"起来，堵住持球队员突破的一种配合。

"关门"配合的基本要求如下。

第一，防守对方突破的队员应该积极地堵住进攻队员的突破路线。

第二，防守队员应根据持球队员的停球和传球来决定是否围堵和回防，在进攻队员突破时，临近突破一侧的防守队员应快速移动靠拢进行"关门"配合。

第三，邻近的两名防守队员在运用"关门"配合时，应两肩靠紧，微屈膝，含胸，两臂自然上举或侧举，在发生身体接触时，为避免受伤，应使用暗劲。

（二）防守快攻战术

防守快攻战术是由攻转守的瞬间组织起来阻止和破坏对方快攻的防守战术，在篮球比赛中，防守快攻的运用目的和作用具体如下。

1. 提高进攻成功率

要提高进攻成功率，必须从根本上遏制对方。在现代篮球比赛中，在由守转攻时，通过争取后场篮板球进而发动快攻的概率最大，因此进攻队员提高投篮命中率、积极拼抢前场篮板球是制约对方发动快攻的有效方法。

2. 堵截快攻的第一传和接应

在篮球比赛中，对快攻的第一传和接应进行有组织的堵截，是使对手快攻失败的关键动作。对手持球由守转攻时，离持球队员最近的防守队员要迅速上前封堵对手的传球路线，伺机夹击防守，干扰其第一传，同时其他队员应切断接应路线，伺机断球，延缓其进攻速度，争取时间布防。当对方发动后场端线球快攻时，一方面防守队员要迅速退防，防止其偷袭；另一方面防守队员要全力封堵对手发端线球，组织好防守阵型，延缓其发动进攻的时间和进攻的速度。

3. 控制对手的推进

由攻转守后，当对方发动快攻时，领防队员绝对不可盲目后撤，而是应当与持球队员保持适当距离，控制后撤速度以对对手的推进速度进行控制，从而转入阵地防守。

4. 防守快下队员

在篮球比赛中，本方由攻转守时，防守队员应积极堵截中场，为同伴回防赢得时间。为此，必须提高个人防守能力，以及同伴之间的相互补防能力，为同伴争取退守时间。

一防二时，防守队员要绝对冷静，对于防守位置的选择要注重人球兼顾，积极移动，从而争取退守时间。在防守过程中要注意观察对方的意图和行动，看准时机迅速、果断地抢断、封盖、干扰对方投篮，并积极抢篮板球。

二防三时，两名防守队员要积极移动，紧密配合，内外兼顾，左右照应。其中一名队员侧重防守有球的队员，另一名队员侧重选择合适的位置，做到既能控制篮下，又能同时兼顾两名无球队员的行动，伺机果断抢断，争取转守为攻。

（三）人盯人防守战术教学

人盯人防守战术是篮球比赛中运用最普遍的一种防守战术，指的是一名防守队员防守一名进攻队员，同时队友间进行协同合作的防守战术。从防守范围来看，人盯人防守战术可分为半场人盯人防守战术和全场紧逼人盯人防守战术两种形式。

1. 半场人盯人防守战术

（1）半场扩大人盯人防守

当对方外围投篮精准、突破能力及全队的整体进攻配合质量较差时，采用半场扩大人盯人防守战术可有效地扼制对方的习惯打法。这同时也是加强外线防守、切断内外联系，使中锋没有获球的机会，从而达到"制外防内"的防守策略。因此，半场扩大人盯人防守是一种防守目的明确，主动性、攻击性很强的防守方法。但这种防守方法对队员的体能消耗很大，不利于协防，容易出现漏人的现象。

当比赛由进攻转为防守时，防守队员对于对方反击的速度要严加控制，马上后撤，对方进攻的持球队员进入半场后，防守队员要通过紧逼放慢其速度，使其无法突破。对于无球队员的防守，位置的选择最重要。

半场扩大人盯人防守的要求如下。

首先，由攻转守时，迅速回防，在球进入 3 分线之前，找到各自的防守对手，并迎上去，当进攻队员进入 3 分线时，紧逼防守，并防止突破。

其次，当进攻队员进入罚球线一带时，积极抢前防守，阻挠对方接球，破坏其进攻配合，控制持球队员，运用挤过防守，不让对方掩护成功。

最后，当球在两侧或场角进攻时，及时"关门"或补防，迫使底线突破者停球，阻止其通过篮下，利用边角组织夹击防守，高大队员及时绕前防守，控制篮下。

（2）半场缩小人盯人防守

半场缩小人盯人防守，基本控制的防守区域是在半场的 1/2 区域内，它是以加强内线防守、保护篮下为主要目的的防守战术。这种防守战术多用于对方篮下攻击力较强、外围攻击力较弱的球队，它的防守区域较小，有利于协防、控制内线进攻、抢篮板球后组织快攻反击。

2. 全场紧逼人盯人防守战术

全场紧逼人盯人防守是在全场范围内与对手展开争夺，防守队员在不同防区的紧逼过程中，任务也有所不同，所以通常把球场划分为前场、中场和后场三个区域来组织人盯人防守。

（1）前场紧逼防守

①对方在后场外掷界外球时的紧逼

一对一紧逼形式，如图 5-16 所示，△积极阻挠④掷界外球，其他前场的防守队员采用错位防守，卡断传球路线，积极抢断。后场的防守队员应提上防守，与对手保持稍远的距离，并随时准备抢断长传球。

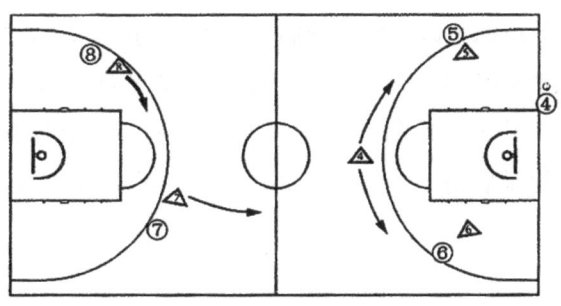

图 5-16　机动夹击接球队员的紧逼

②夹击接应的紧逼

在上述一对一紧逼形式中，如果④是控制球能力很强的队员，是该队的主要接应队员，△可以放弃对发球人的阻挠，转而对⑤进行夹击，阻止其顺利接应篮球。

③机动夹击接球队员的紧逼

图 5-16 表明，△和△分别站在对手的侧前方，阻止对手迎前接应。△放弃防守发球队员，退到△和△的后面，随时抢断传给⑤和⑥的高吊球，△提上，准备抢断传给⑥的长传球，⑧向⑦方向靠一点，准备抢断传给⑦的长传球。

（2）中场紧逼防守

中场紧逼防守的方法及过程如下。

首先要在对方运球向前推进时堵中放边。随后同伴防守队员要根据场上情况和时机，大胆上前包夹对方运球队员。一旦包夹开始，后面的防守队员要向前补防，并积极抢断对手的传球。对手如将球传出或突破包夹，要立即回撤，重新组织防守力量。通过急与缓的节奏打乱对手的战术节奏。

(3) 后场紧逼防守

一般来说，在后场应继续扩大防守，对持球队员进行积极封堵，尤其在底线场角，防守队员应积极组织夹击，破坏对方的进攻，使其出现失误，继续给对方心理上施加压力。如果在前、中场防守时，由于交换盯人、轮转补防出现防守队员高矮错配、强弱不均等现象，可以寻找适当的时机进行调整，以巩固后场的防守实力。

（四）区域联防战术教学

1. "2-1-2" 区域联防

"2-1-2" 区域联防，即前面站两名队员，中间站一名队员，后面站两名队员。这种阵型适用于阻截正面突破和篮下威胁较大而"两腰"攻击力较弱的队。

"2-1-2" 区域联防中各位置上的队员应具备的条件：负责前突的 ⑥ 和 ⑦ 要快速、灵活、机智，并善于抢断、反击和组织快攻；⑧ 要具有较强的补位意识，且身材高大，善于抢篮板球；④ 和 ⑤ 要具备全面的技术，且身材高大，善于抢篮板球和发动快攻。

2. "2-3" 区域联防

"2-3" 区域联防阵型的特点是篮下防守力量较强，有利于争夺篮板球，有利于防守擅长篮下进攻的队。与 "2-1-2" 区域联防阵型一样，两侧45°外围一带是薄弱区域，容易造成进攻队投篮。

"2-3" 区域联防中每个位置上的队员应具备的条件：负责前突的 ⑥ 和 ⑦ 应灵活、快速、机智，善于抢断反击和组织快攻；⑧ 应具备较强的补位意识，且身材高大，善于抢篮板球；④⑤ 应具备较为全面的技术，身材高大，且具备发动快攻和争抢篮板球的能力。

3. "3-2" 区域联防

"3-2" 区域联防是针对内线攻击能力较弱，而外围投篮较准，组织配合能力较弱的队采取的防守形式，这种布局可以破坏对方的外围进攻，创造抢球、打球、断球反攻机会。

"3-2" 区域联防中各位置上的队员应具备的条件：负责前突的 ⑥ ⑦ ⑧ 应快速、灵活，且具备抢断球和发动反击的能力；④⑤ 要擅长内线的防守，身材高大，且具备争抢篮板球和发动快攻的能力。

二、高校篮球防守战术的训练

（一）防守战术基础配合训练

1. 挤过配合训练

图 5-17 表明，④去给⑤做掩护，当④接近⑤时，同时⑤准备移动，△5要及时向前跨一步靠近⑤，并在⑤与④之间侧身挤过继续防守⑤。⑤去给⑥做掩护，按同样的动作挤过。依次进行循环练习，然后攻、守互换。

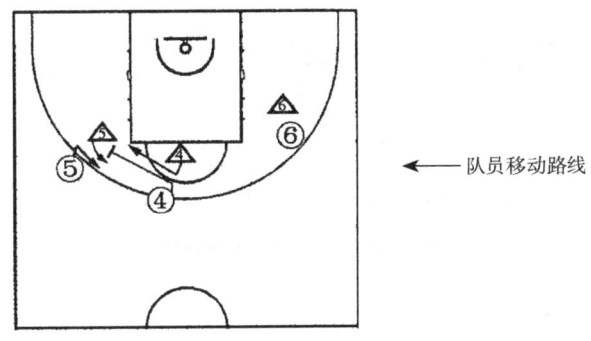

图 5-17 挤过配合训练

2. 穿过配合训练

图 5-18 表明，⊗ 在弧顶外持球，④⑤⑥轮流做定位掩护，△4△5△6防守队员练习挤、穿、换防守。当 ⊗ 传球给⑥时，④立即起动借⑤定位掩护摆脱防守切入，△4做挤过、穿过或交换防守练习。⑤做完掩护后拉出，④切入后到限制区左侧做定位掩护，⑥将球传过弧顶后利用④掩护切入，做挤过、穿过或交换防守练习。如此反复进行练习，到一定次数后攻守交换。

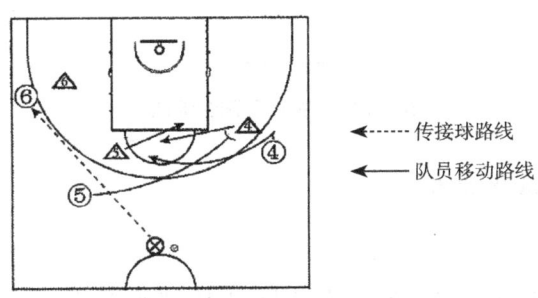

图 5-18 穿过配合训练

3. 交换防守配合训练

图 5-19 表明，⊗ 与④和⑥在外围传接球，当 ⊗ 传球给④的同时，⑤给④做后掩护，④将球回传给弧顶区队员，④借掩护之机切入篮下，这时△一边跟防，一边通知△，当④切入时，△突然换防④，并准备断弧顶队员 ⊗ 传给④的高吊球，此时要抢占内侧防守位置，防止⑤接弧顶的球。

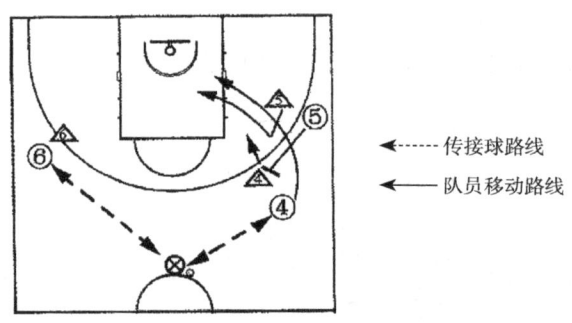

图 5-19　交换防守配合训练

4. "关门"配合训练

图 5-20 表明，④⑤⑥在外围相互传球，寻找机会从△与△或△与△之间突破。△△△除了要防住自己的对手外，还要协助邻近同伴进行"关门"，不让对方突破到篮下。当进攻队员突破不成把球传出时，"关门"的队员还应快速回防。

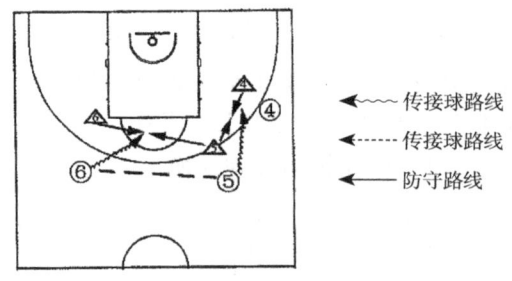

图 5-20　"关门"配合训练

（二）防守快攻战术训练

1. 堵截快攻的发动与接应训练

图 5-21 表明，投篮未中，当防守队员△抢到篮板球时，④立即转攻为守，迅速上前挥臂封其一传，⑥和⑤分别堵截△和△接应一传。

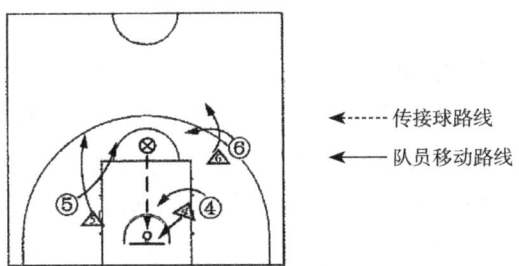

图 5-21 堵截快攻的发动与接应训练

2. 夹击第一传训练

图 5-22 表明,当④抢到篮板球时,④和篮下的⑤合作夹击,⑥放弃快下的△⑥而去堵截接应,并随时准备断△传出的球。

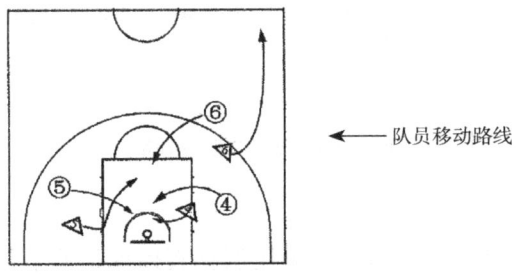

图 5-22 夹击第一传训练

3. 半场一防二训练

图 5-23 表明,当⑥把球传给⑤,⑤沿边线运球推进时,△由中路稍向⑤一侧退防,在退防中要利用假动作干扰对手,当⑤又把球传给⑥时,△立即移向⑥一侧篮下,并随时断⑥回传给⑤的球或及时起跳封盖⑥的投篮和可能的二次篮板球进攻。

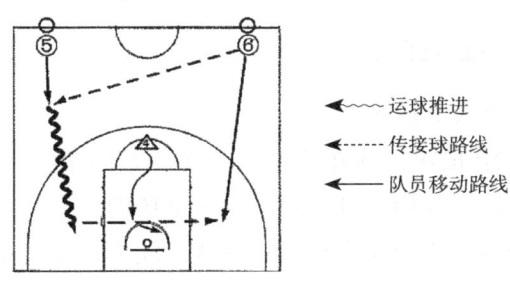

图 5-23 半场一防二训练

4. 半场二防三训练

图 5-24 表明，⑤从中路运球推进时，④在前堵中路，△再在后呈重叠防守。当⑤把球传给⑥时，△上前防守⑥，④立即后撤兼顾防守⑤和⑦。当⑥沿边线运球突破时，△随之移动防守⑥突破上篮，这时④要向中区占据篮下有利位置兼防⑤和⑦。当⑥把球传给⑤时，④要立即移动堵截，△迅速向篮下移动兼防⑥和⑦，练习中要求：④和△在防守中要协同配合，人球兼顾，真假动作结合，抢占有利位置，并伺机断球。

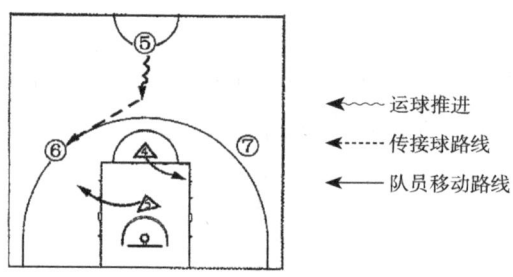

图 5-24 半场二防三训练

5. 全场一防二训练

要求队员利用假动作迷惑对方，采用假扑真撤保护篮下的策略，迫使进攻失误。当进攻结束后应立即封一传，堵接应，延缓快攻速度。

6. 全场二防三训练

防守队员不要固定站位，不能让进攻队员准确判断防守的阵形。如进攻结束立即分散封一传，堵接应队员，阻断对方传球路线。

7. 全场三防三训练

训练方法基本同上，只是人数不同。当原防守队员抢到后场篮板球后，近球队员封一传，另两名队员堵截接应队员，防止对方传接球。

（三）人盯人防守战术训练

1. 半场人盯人防守战术训练

（1）提高脚步动作的灵活性和进行个人防守技术训练

从各种脚步动作练习开始，过渡到半场或全场的一对一攻守对抗练习，在对抗中重点提高个人的脚步移动速度和一对一紧逼能力，培养抢前防无球队员的接球和切入能力。

（2）半场二对二练习

进攻队员掷端线界外球，两个防守队员或各自紧逼自己的对手，不让接（发）球；或两人夹击接应队员，争取断球或使对方违例。

（3）半场五对五攻守对抗练习

进攻投篮命中后从中圈发球继续进攻，进攻队员抢到前场篮板球，可以补篮或二次进攻。防守队员抢到后场篮板球或抢断成功，应从中圈开始发球进攻。

2. 全场紧逼人盯人防守战术训练

（1）全场运球一防一

要求堵中放边，防强手，放弱手，始终与对手保持不远于一臂的距离。

（2）全场二防二

要求封堵掷界外球队员，紧逼接应队员，提高攻守转换速度。

（3）全场五对五教学比赛

只要进攻队员投中后，就应当立即全场紧逼，其他情况可采用半场扩大紧逼防守。

（四）区域联防战术训练

1. 随移动选位练习

（1）随外围球的转移进行移动选位

五人按联防形式防守，外围四人传、接球进攻。防守队员根据球的不同位置进行移动，不断调整防守位置。传球时可由慢到快，当防守队员选好位置后再传球。

（2）根据外围球的转移方向和内线队员的穿插进行移动选位

五人防守，五人进攻。防守队员要根据球移动，同时还应根据内线队员的活动移动，并进行协同防守。开始训练时，外围队员传球，中锋在内线穿插，然后可以适当地将球传给中锋，中锋接球后再传出，训练防守队员的伸缩移动能力，体会球到篮下的防守方法。

2. 局部对抗练习

（1）一防二练习

二人外围传球，一人左右来回移动防守有球队员。二人传球不要太快，待防守队员到位后再传给另一队员。

（2）二对二练习

进攻队员二人在球场右侧或左侧的3分线附近相互传球，防守队员二人站在同侧限制区线附近。当本方进攻队员接球时，要按人盯人方法防守，另一队员后撤保护。练习时，当对方球到底角时，要重点防对方底线突破，当对方得球时，按先防突破再防投篮的原则移动。

（3）二对三练习

进攻队员三人沿3分线站位，进行外围传球。防守队前锋二人在罚球线附近根据球的转移进行防守，练习时，离球近的队员先去防对方控球的队员。另一防守队员选择一防二的位置。

（4）三防四练习

外围四人传球，三人防守。三人防守应积极移动补位，一人防对方持球队员，二人防对方三名不持球队员，防守区域可机动变化，力求做到球到人到。

3. 局部防守配合练习

（1）堵截护送盯人练习

进攻队两名队员在篮下来回溜底，两名防守队员用人盯人方法来回跟踪防守。进攻队可结合内线活动及背插，提高防守移动速度与补防能力。

（2）盯人与补位配合练习

进攻队员溜底或斜插时，处于该区的防守队员负责跟踪，当进攻队员向这一区域移动时，防守队员及时进行补位。可以三对三，在两侧反复训练。

4. 攻守转换练习

可采用二对二、二对三、四对四、五对五半场攻守的练习方法。刚开始时，进行两队攻守练习，一队进攻，一队防守。练习一定时间后，由教师发出信号，进攻组队员听信号后转为快速退防，迅速抢占有利位置。按二人、三人、四人、五人联防的原则和方法进行防守。练习时可往返进行，也可以提出特殊要求和规定。

5. 五对五练习

（1）半场五对五训练

进行半场五对五训练时，应当有目的地解决某些问题，如给进攻队提出一定要求，专门解决防守的某一配合；克服本队的弱点，以及练习某些特殊配合等。

（2）全场五对五训练

进行全场五对五训练时，应当在与比赛条件相近的情况下，提高联防水平。把队员按五人一组，分成若干组，轮流进行训练。训练时可规定特殊任务或提出具体要求，如快攻投中后在前场继续进攻等。

第六章　高校篮球人才培养与队伍管理

篮球人才培养与队伍管理关系到篮球运动的可持续发展，因此应该对其给予高度重视。本章对包括运动员、教练员和裁判员在内的篮球人才的培养进行了分析，并对高校篮球队的管理进行了研究，以便提高篮球运动的管理水平和效率，促进高校篮球运动的发展。

第一节 不同年龄与位置的篮球运动员培养

一、不同年龄的篮球运动员培养

（一）儿童阶段（6~10岁）

对于6~10岁的儿童篮球运动员来说，篮球是一项非常有魅力的运动，因此他们对这项运动非常感兴趣，且具备一些颇具创意的想法。此时教练员要注意挖掘孩子们的爱好，而不是一成不变地采用某种篮球训练方式。

6~10岁儿童篮球教学应该以简单的、小规模的竞赛为主，并让儿童认识到重大竞赛的难度。在小规模的竞赛中，要尽量降低竞赛的难度，并且要让孩子们知道，参加竞赛不仅是为了打败对手，还是为了提升自身的篮球技艺。

在篮球运动中，对运动员进行正确的引导是非常重要的，这样有助于运动员个性特征的形成。在练习中，教练应该让孩子们自己去摸索，并允许他们犯错。

（二）青春前期（10~12岁）

对于10~12岁这个年龄段的学生来说，青春前期正是学习和发展篮球技能的最佳年龄阶段。这个阶段，他们展现出了较好的身体素质，各方面的发展都非常均衡，可以在短时间内学会很多东西。此时教练员应教他们快速带球的技巧，教导他们尊敬他人，有时间意识，有明确的目的。青少年时期是个体发展的敏感时期，教练员必须把握好这个时期，对青少年开展全面的训练。

（三）青春期（12~16岁）

对于12~16岁的青少年篮球运动员来说，青春期是身体进入快速发展的时期，篮球运动员的实际年龄和生理年龄之间存在着极大的差别，并且在行为品质和篮球专项能力方面也存在差别，表现出明显的个体差异。在这一年龄段，青少年篮球运动员表现出运动神经系统不稳定与身高增长迅速的特征，肌肉协调能力也会受到很大的影响，反应速度和平衡能力下降。因此，教练员应该采取相应的措施予以调控和弥补。同时，青少年篮球运动员的心理在这一阶段有着很大的起伏变化，因此要求教练员采取相应的改进措施，以保持和加强他们对篮球训练的兴趣。

(四)青春后期(16岁以后)

处于青春后期的篮球运动员,其生理和心理等各方面已趋于稳定。为了提高篮球训练水平,需要在青春前期训练的基础上适当增加训练负荷,以确保青少年篮球运动员能够适应成人的比赛。此年龄阶段的青少年篮球运动员需要一个富有挑战性、强大的运动环境来保证其篮球运动能力得到进一步提高,也只有在更高要求的竞争环境中才能使其篮球技战术水平达到完美,因此要做到比赛和训练的有效结合,此时对篮球比赛的设计更要考虑训练负荷的要求,以使他们在身体、智力及心理等各方面适应篮球比赛的需要。此外,在青少年篮球训练中还应营造竞争激烈的训练气氛,并适当增加比赛密度,以促使青少年篮球运动员运动能力的提高。

二、不同位置的篮球运动员培养

(一)前锋队员

篮球运动中的运动位置有大前锋和小前锋。在一个球队中,大前锋承担着抢篮板、防守和卡位等任务。小前锋是最主要的得分球员。小前锋的主要任务是成功投篮,并且是较长距离的成功投篮,这在整个团队中起到了至关重要的作用,因此必须对场上局势有一定的了解。

1. 前锋队员应具备的意识

(1)进攻意识

在篮球运动中,进攻技能主要有四种:传球、投篮、运球和持球突破。前锋必须精通这四种进攻手段。作为一支队伍的主力,前锋要有较强的进攻意识,不轻易放过任何一次进攻的机会。其主要特点是:①在进攻的时候,要主动奔跑,尽可能找到合适的进攻时机,同时要将保护、支援等多种进攻方式与整个球队的整体进攻策略相融合,创造出空间传球点及接球点。②在得到球后,要果断、全面地进行判断,采取有效的进攻手段。③在被诱入防守,对手处于更有优势的位置时,应该采用快速传球、突分等方式与对手对抗。④拿到球之后,抓住时机,瞄准篮筐,果断投球,也可以和队友相互协作,冲破防守进行进攻。

(2)防守意识

前锋应当具有较强的防守意识,及时抢占对手与篮筐之间的位置,观察判断对手的进攻意图,切断对手由外线到内线的进攻,制造干扰。同时,树立防止对方投篮的意识，降低对方的中投命中率，及时对对方的投篮动作作出干扰。前锋还应当具有防守无球队员意识，并结合自身的技术特点，担任防守无球队员的重任。

在防守过程中，前锋应注意协防。联防阵容时，前锋应及时与队友配合交接，注意移动，形成夹击，同时观察预防切入的对方队员。人盯人防守时，前锋应及时做好对手无球掩护等进攻方式的应急措施，机动地做到统筹兼顾。

2. 前锋队员的训练与培养

对全面灵活型的队员，主要强化内线强攻的能力和参与快攻的意识，增强篮下对抗能力、抢篮板球能力和一对一背向球篮进攻能力，在抓进攻的同时，要加强一对一防守和补防、协防能力；对身体强壮、移动相对较慢型的队员，主要强化篮下得分能力、比赛中的奔跑能力，在防守方面，加强脚步训练和提高补防协防能力；对外线能力较强、中远距离投篮命中率高的队员，要集中提高身体力量，增强对激烈对抗的适应能力，由于此类球员移动灵活、身体强壮，因此培养其参与快攻的意识和能力，提高其在快速移动中的得分能力，能够让整个球队的战术丰富而富有变化。

（1）加强对前锋的基本功训练

训练篮下不同位置的投篮，训练篮下脚步及前转身、后转身、持球等动作，规范其基本功，训练腿部的灵活性，进行各种脚步训练、手脚灵活性和手感训练。通过一对一训练法、多球训练法、连续对抗训练法、脚步综合训练法等来加强基本功训练。

（2）注重前锋意识的培养

要求队员熟悉各种队伍的各种打法和基础配合，善于理解和快速掌握战术意识，适应场上的各种变化，除个人具备较大的进攻威胁外，还能积极为同伴创造进攻机会，并具有较强的个人防守能力。

（3）加强对抗能力的培养

前锋队员在比赛中必然会与对手进行激烈的身体对抗，这就要求其必须具有较强的对抗能力。因此，在平时的训练中，可以通过地面对抗训练、空中对抗训练、无球抢位等训练方法来提高其对抗能力。

（4）增强自我保护意识

由于前锋在比赛中对抗比较激烈，容易受伤或犯规，大大降低前锋在比赛中的威慑力，因此除了要提高队员的身体素质和战术素养以外，更重要的是教会前锋怎样防止在比赛中受伤或减少犯规。

（二）中锋队员

在篮球比赛中，中锋的作用是毋庸置疑的。但是，一个好的中锋是很难训练出来的，因为其需要在球场上扮演更多的角色。要做到这些，就必须具备一系列的技能，比如脚步动作、抢位与接球、策应与传球等。

1. 脚步移动的要求

（1）合理的准备姿势

准备姿势是两脚左右（或前后）开立，距离约同肩宽，两膝弯曲成135°，前脚掌先着地，上身略微向前倾斜，手臂弯曲，放在两边，眼睛直视前方。这种姿态不仅可以保持重心，而且可以快速跟进，朝着想要行进的方向快速移动。

（2）观察范围广，判断准确

观察、判断是正确使用移动动作的先决条件，也是运动技能与战术配合的重要组成部分。在观察的过程中，要注意对方的方位、距离，注意攻击球员和防守球员的站位。观察要有主次之分，从点到面，从部分到整体，再结合具体情形进行全面分析，最后作出准确的判断及决定性的动作。如中锋抢到后场篮板球时，观察的重点是本队的快下队员及接应队员和防守队员的分布，由此决定球传给谁和自己的跟进路线；在半场阵地进攻中观察的重点是本队的主攻方向及防守队员的破坏行动，根据观察的结果决定自己是拉开牵制佯攻移动，还是空切、掩护等。

（3）快速多变，突然性强

在运用移动技术的过程中，观察和判断是必不可少的因素，有效的观察需要有系统性，先关注某个具体细节，然后逐渐拓展到更大的范围，最后综合考虑所有相关因素，作出明智的决策并采取果断的行动。为了确保移动技术的效果最佳，必须采取快速、出其不意和乘虚而入的策略。

（4）假动作的灵活使用

灵活的变化能够使人根据不同的场上情况，立即从一个动作转到另一个动作，以应对局势的变化。在遭遇阻碍时，需要改变前进的方向以继续前进。当转向后再次遇到防守队员时，应立即改变方向并朝前方转身前进。因此，运动员需要熟练掌握各种变步和方向跑的技巧及转身等技术，使自己能够轻松自如地应对各种情况，并具备足够的攻击性。如果运动员在移动时充分利用假动作来迷惑对方，往往可以取得出其不意的效果。例如，当中锋想要在右侧做空切动作时，应先用右腿向右迈出一步，然后以身体虚晃作为假动作，紧接着再用左腿向左横跨一步。

接下来，中锋应立刻用右腿迅速向防守队员前方插进，并倾斜身体加速，从防守队员右侧切入。若左腿向左横跨步时被阻挡，可以改变策略，不再从防守队员的右侧横向突破，而是利用左腿继续向右方努力横移，同时通过侧身的方式从防守队员的左侧突破。使用这些假动作往往可以成功地实现既定的目标。

2. 抢位与接球的要求

（1）掌握好抢位时机

同伴刚接到球做瞄篮或突破假动作时突然起动抢占有利位置。

（2）动作凶狠有力，先发制人

突然起动，以合理的身体接触和暗劲阻止对手的破坏。

（3）真假结合，灵活变化

要保持正确的准备姿势，准确观察、判断场上情况，做到声东击西、真假结合；当一个方向受阻时，立即变换其他位置，灵活运用各种抢位步法。

3. 策应与传球技术运用要求

首先，中锋必须具备较强的进攻能力并作出进攻动作，吸引防守中锋的注意力，为传球创造有利的机会。

其次，中锋应熟练地掌握各种传球动作，使传球的点多、面广，传球应突然、快速和隐蔽。

再次，中锋要掌握良好的传球时机，当同伴摆脱防守的瞬间或抢在防守队员的身前时，应立即传球。

最后，传球的落点要准确，应根据同伴及防守队员的位置和移动速度及时准确地将球传到位。一般会将球传到远离防守队员一侧的位置。

4. 投篮技术运用要求

（1）善于观察和判断，选择良好时机

中锋必须善于观察和判断场上形势，才能正确地运用各种投篮技术。在观察时，中锋通常需要利用余光和视野广阔的优势来掌握队友和对手的位置和距离，了解他们的重心、状态以及身体素质等关键信息。为了作出正确的反应，中锋需要综合考虑所观察到的信息，推断对手的意图和预测其可能采取的行动，以在对手干扰不到或干扰较小的情况下完成动作，成功投篮。

（2）合理运用假动作，迷惑对手

中锋需要熟练运用虚晃和绕路的技巧，巧妙地隐藏自己的真实意图，以此来使对手陷入被动。中锋需要运用身体语言、球技以及面部表情和眼神等多种手段欺骗对手的感官，从而实现在位置、距离、重心和动作等方面的熟练转换，最终成功达成目标。

（3）对抗中主动用力，保持出手稳定

中锋的活动位置一般在对方三秒区附近，而这一位置是整个攻防环节的必争之地，这里可能聚集了许多防守球员，因此中锋各项技术的运用更多的是在贴身攻防中完成的。要想在这种条件下完成技术动作就必定要学会主动用力，这不仅是保护自己的方法，也是进行有效进攻的手段。

在做动作时，身体有接触的部位应紧张用力，并用腿、臀、臂、腰、背来挤、顶、靠、压对手，此时既要维持自身运动的平稳，又不要让自己犯规；而非接触部分要松弛协调，以此提升运动精度。

（4）一点两面，灵活变化

中锋的每一种技能都要有弹性，既能够左右移动，也能够伸缩自如，一条进攻战略受阻，就换另一条进攻。一点两面让球员有了更多的选择。比如，在中场进行抢球时，若无人阻挡，便能顺畅投出；如果碰到了对方的防守，则可以选择相反的方向，或侧步、转身进行投球。也可以利用动作节奏的变化，突然地加速或减速进行进攻，以取得良好效果。

（5）在战术组织下，主动进攻

中锋处于阵地进攻的腹地，许多球队的战术配合都是通过中锋进行的。例如，通过中锋策应、掩护和强攻等配合。在这种战术组织下出现的投篮、传球或突破时机，中锋如能果断行动，往往会取得良好效果。

（6）内外结合，发挥整队优势

中锋在篮下持球时，往往会受到夹击，此时中锋不要勉强进攻，而应及时传球给被漏防的同伴，为他们创造一个无人防守的投篮机会，做到内外结合。有时中锋也可以突然跑到外线，把篮下拉空，给同伴创造空切、背切和突破的机会，使战术配合更加灵活机动。

5. 中锋防守技术运用要求

第一，提高脚步移动的灵活性、速度和各种脚步动作的变换与衔接能力。

第二，提高观察判断能力，根据球和进攻中锋的站位与意图，选择有利的防守位置。在强侧防固定中锋时，要保持若紧若松状态，既能主动用力，亦可行动自由，便于抢占有利位置。

第三，中锋在空中切球的时候，要预先拦截。当中锋到达管辖区后，要紧盯防守，胸、臂、腿积极发力，防止对方在管辖区内抢到球。

第四，防守无球中锋时应树立"防一半人"的观念，除了防住进攻中锋以外，还应协防或补防同伴的漏人。

第五，投篮后应积极拼抢篮板球，得球后首先寻找是否可以发动快攻的长传机会，如果有本方后卫或前锋快下则应迅速将球传出，如果没有快攻机会则应稳稳地将球交予本队后卫球员。另外，需要注意的是，在没有寻找到恰当的出球点时，应保持双手持球高举的动作，以防止对方球员盗球。

6. 抢篮板球的要求

中锋队员抢篮板球的技术动作同其他各个位置队员的技术动作基本相同，但对中锋抢篮板球还有特殊要求。

第一，中锋球员必须具备勇猛顽强的作风、强烈的意识和愿望。篮板球的争抢是发生于身体接触最频繁和最激烈的时刻，抢篮板球时应不惧怕身体对抗。加强抢篮板球的意识和愿望，就是懂得抢篮板球的规律，准确判断投篮不中球的反弹方向与落点，及早抢占良好的位置，并养成外投内抢、左投右抢、右投左抢、有投必抢的良好习惯。

第二，中锋球员应该在训练和比赛实践中留意篮板球的弹跳规律，以提早判断球的飞行方向，提早移动，占据有利抢球位置。

第三，中锋球员应增强"挡抢"和"冲抢"意识，占据良好位置。抢占良好位置是抢篮板球最关键的环节。抢后场篮板球的关键是挡抢，抢前场篮板球的关键是冲抢。当投篮出手时，应力争抢占对手和球篮之间的位置，把对手挡在身后，如果抢不到内线的位置，也应力争抢占对手侧面的位置。抢到前场篮板球后不要把球拿到腰以下，以持球在肩以上为最好，这样便于保护球和快速投篮。

第四，提早起跳、连续起跳。抢篮板球看似简单，实际上它包含着许多技术，其中意识和判断是非常重要的。中锋在抢篮板球时应尽快移动到位，到位后在准确判定落球点时应尽量先于防守球员起跳，这样做的目的在于提早占据空间位置，以此压制防守球员的起跳高度。另外，在没有占据有利位置抢球时，可以采用连续起跳点拨球技术，经过几次点拨将球拨到己方容易控球的位置，或直接将球拨向本方队友。

（三）后卫队员

1. 后卫队员应具备的条件

后卫队员要想充分发挥自己的领导才能，就必须具备多变的、成熟的技巧。要想做到这一点，必须做好如下工作。

（1）运球

形容后卫在掌控球的能力上，特别是在运球技巧上的表现。运球可以让后卫自由挪动身体位置，从而获得更多的行动空间，而这也是掌控比赛进程的一种关键策略。同时，运球还可以迫使对方防守紧密压迫，限制其运动空间。通过运用高效的运球技巧，如急停、急起、变向、变速等，不仅可以提高后卫的进攻能力，还可以为集体协作打下基础。

（2）传球

在团队协作中，后卫具有高超的传球技能显得尤为重要，它可以视作协作配合的核心环节，缺乏传球技能则意味着团队配合无从谈起。可是，有时机会非常短暂，后卫必须迅速将球传递到正确的位置。因此，后卫需具备多种传球技巧，以熟练、隐秘、准确、迅速、舒适、及时且变化多样的方式传球。

（3）进攻能力

除了拥有出色的助攻技巧，一名后卫还需要拥有强大的进攻能力。如果后卫缺乏进攻威胁，那么防守队员就会把重心放到帮助其他队员的防守上，这样会对其他进攻队员产生更大的压力，从而影响进攻组织的流畅性。因此，一个没有进攻能力的后卫，不是一名合格的后卫。在后卫的进攻能力中，准确的中、远距离投篮是至关重要的，因为它可以吸引防守队员，为队友创造进攻机会，方便助攻、传球和协作，因此具有非常重要的战术价值。通过并用短射和长射技巧，配合灵活多变的运球突破技巧，可以共同实现与全队的紧密协作，进一步激发后卫的组织和指挥才能。

（4）防守

防守是阻止对手得分、保持优势与取得胜利的保证。积极的防守不仅能创造反击的机会，而且能激励全队的斗志，提高士气，增加取胜信心。后卫在球队中担任着重要的角色，除了承担进攻的组织者的职责，还负责指挥全队的防守。他不仅要完成自己的防守任务，更需要关注整个赛场形势，了解对手的进攻策略，以便有效地组织全队的防守。后卫必须具备很强的团队防守意识和高超的防守机动能力，如及时切换防守位置、挡住对方传球线路、协同团队伙伴实施夹击、积极拦截对手传球等，以保持全局的警觉性和灵活性。

2.后卫队员的培养方法

后卫的培养是一项长期工程，它需遵循选拔培养一体化原则、专项培养综合性原则、阶段性培养与长期培养相统一原则等基本原则。

（1）从实际出发，不拘一格选人才

每位出色的后卫球员都需要经过长期的训练。只要后卫队员愿意动脑、刻苦锻炼、有闯劲以及有更宽广的眼界，在训练与竞赛中有英勇坚韧的奋斗精神，身体素质好、心理素质好、技术熟练，就要对其进行培养以及重视其后续发展。

（2）从小抓起，重视遗传因素

国内外知名的核心后卫队员，大部分是在七八岁的时候就已经进行篮球训练了，经过长期的程序式训练，并且按照阶段性的目标顺序进化规则为自己的体能和技术打下坚实的基础。与运动能力有关的指标，如体形、生理功能、身体素质和智力等，其遗传率为70%～95%，因此客观、合理地挑选运动员，尤其是选用出色篮球运动员家族的孩子，无疑能获得更大的成功。同时，在选材方面要注意：同等条件下，力求提高后卫的身高，向培养技术全面的高后卫方向发展，这样可使他们具备能里能外的本领，扩大活动范围，有利于灵活多变战术的应用。

（3）坚持高标准，敢于严要求

必须对核心后卫队员进行强化培训和重点关注，以锤炼他们的能力和素质。在日常生活、训练和队伍管理中注重教育其自我管控、言行规范，示范出良好的榜样和声望。作为后卫，必须了解比赛的基本规则和各种战术方案，并且能够在控制局面或应对压力的情况下，运用技术手段、战术思维或语言信号等来协调全队，并尽最大努力实现教练的意图和既定的战术方案。因此，教练员应当坚持高标准，敢于严要求，增加训练难度和强度、填补不足之处以及促进刻苦练习和不断总结，从而使后卫的技能得到进一步提高。教练员应该明白，容忍和纵容行为会对后卫的成长以及整个球队的实力提升造成不利影响。

（4）重视比赛环节，在实战中锻炼提高

篮球比赛场地相对较小，因此对后卫队员在进攻和防守速度、技巧水平和战术变化等方面提出了更高的要求，使得比赛更加复杂。通常情况下，篮球技术初步掌握和提高不难，但要达到熟练运用和自如变换则需要经历更加困难的阶段。后卫无法通过有限时间的训练来完全发展出个人的特长和绝技，因此应提升后卫的意识和心理承受能力及灵活应变能力。作为后卫，必须多参加比赛来积累经验，只有在比赛中勇于尝试，不畏挑战，充满自信，才能提高技术、意识和心理素质，不断纠正错误和战胜困难。通过反复思考练习及经常参加比赛和深入分析总结，结合得当的教练指导，可以成为后卫进入成熟阶段并提高其全面素质的综合训练模式。

（5）注意延长优秀后卫的运动寿命

一位优秀的后卫是个人天赋、后期努力等诸多因素以及机会的共同作用下培养出来的，因为他们位置的独特性对球队的成败有着至关重要的影响，所以现在各个球队都很注重提高后卫的竞技水平，尽量减少大龄后卫的伤病，努力保持他们的体能，尽量使他们发挥更大的作用。

第二节　高校篮球教练员的培养

一、高校篮球教练员的角色分析

（一）运动队伍管理工作的重要决策者

运动队管理的核心职责在于确保训练质量达标和再提高，在这一过程中教练员扮演着训练方案的主导策划者和执行者的角色。他们更是管理工作的重要决策者，需要把控训练工作的方向，确定特定时间内的工作目标和工作对象。除此以外，教练员更需要与其他球队保持良好的沟通和合作关系，以使球队获得更多的训练机会。

（二）运动队伍人际关系的重要协调者

在运动队中，运动员之间难免会由于种种原因出现一些矛盾和冲突。在这种情况下，教练员需要协助领队管理相关人员，以及着重协调并缓解运动员之间的矛盾，以建立和谐的合作关系。

在运动队中，教练员与运动员之间出现冲突是很普遍的现象。当教练员与运动员出现分歧和矛盾时，需要立刻主动采取解决措施。教练员需要以客观的态度看待自己，同时也需要尊重运动员的个性特点，始终坚守真理，不把个人情绪和所谓的"威信"置于首要位置。教练员不应该固执己见，而是应该认真倾听运动员对训练内容的不同看法和意见，并给予适当的回应和支持，以更好地协调双方之间的关系。

二、高校篮球教练员培养与管理

高校篮球教练员在具体训练中所获得的经验性知识及所具备的基本文化知识

存在着一定的差别；因职业的限制性而产生的动作思维、形象思维，与科研理论研究对逻辑思维和抽象思维的需求也存在着一定的区别。因此，他们既是篮球运动中的高层次人才，又要不断地进行学习和提升。为此，可以从培养与管理两个方面来提升高校篮球教练员的素养，而提升其素养的路径有院校培训、岗位实践等。

（一）院校培训

院校培训能充分利用高校在科研、装备、人才等方面的资源，并通过进修等方式，促进高校篮球教练员素质的提升。院校培训一般采用下列方式。

1. 全日制学习

退役的优秀运动员或有培养前途的青年教练员，通过参加体育院校的本科或研究生学位班的学习，弥补自己在基础理论和专业知识方面的不足。

2. 单科学习

这种学习采取单科结业的学分制，学员若修满该科规定的学时数，经所在院校的考试合格，就可以获得该学科的学分，待修完本、专科或研究生的学分，再发给相应的学习证明。这种形式适合于中等以上教练员的在职培训。

3. 函授学习

对于仍在第一线而又迫切需要提高自身素质的教练员，函授学习是一条切实可行的途径。目前全国各体育院校招收函授学员工作有了较大幅度改观，具体表现在招收人数和招收的覆盖面都较以往有很大的提高，大多数的教练员可以通过这个途径来提高自己的知识水平和学历层次。

4. 各种层次的岗位培训

篮球教练员岗位培训既是提高教练员素质的一项有力措施，也是篮球运动管理中培训教练员的一项基本制度。教练员岗位培训的指导思想是提高教练员思想觉悟、业务水平和管理能力，从我国的教练员队伍的实际出发，面向运动训练与竞赛的实际，强调针对性、实用性，贯彻学用结合、按需施教，注重教学训练、竞赛指挥、队伍管理和职业道德的培训。篮球教练员岗位培训分为高级、中级、初级三个级别，各级别都有各自的培训计划、大纲和教材。国家体育总局篮球运动管理中心负责培训地区的安排，并先后在首都体育学院、北京体育大学等院校实施培训计划，而且实行培训合格上岗规定。

（二）岗位实践

在岗位实践中，篮球教练员要根据具体的日程，有目的性地制订训练方案，包括对运动量的大小、运动员的精神状况进行调节,对运动员的营养、比赛后的恢复进行组织、改善,并妥善处理好与上下属之间的关系,等等。

1. 在实践中学习提高

实践是检验教练员水平及提高教练员基础素质和专业素质的唯一手段,因此教练员在工作中要注重实践操作,加强对所学理论的研究与运用,并在实际工作中解决各种新问题,以此增强自身素质。

2. 以老带新

在年轻教练员成长的过程中,离不开老教练员和专家的指导,通过他们的言传身教,可以帮助年轻的教练员尽快地成长。根据多年的实践和典型案例,老少都有的教练员队伍能够充分利用年长教练员的经验以及年轻教练员的精力、较强的接受能力。尤其是年轻教练员,在平时工作中,能够认真学习其他老教练员的工作思想、工作方式和教学技能等,并在自己的工作范围内加以试用和验证,通过老教练员的"传帮带"活动,可以使年轻的教练员少走弯路,早日取得成功。

3. 自学成才

通过对自身和他人在篮球训练和比赛中经验的积累和教训的总结,也会对提高篮球教练员的素质起到促进作用。无论是集体,还是个人所进行的总结,都要突出重点,实事求是。对于某一场失利的比赛,当事人和非参与者可以一起总结,客观地分析失利的原因,特别是当事人应将自己当时的所有想法和打算全盘托出,以供大家仔细分析和探讨。只有进行深入的剖析,才能真正接触到问题的实质,得出的结论才能对下次的实践活动有用。

4. 择优选派中青年教练员出国留学

对于有培养前途的年轻教练员,可以事先制订计划,明确培训目的,定期地选派他们去篮球强国进行短期的培训。通过这种方法,可以让教练员较为系统地了解这些国家的篮球理论,亲身接触它们的篮球实践,学习成熟的篮球管理方法,以提高自身的理论水平和实际操作能力。

第三节 高校篮球裁判员的培养

在篮球比赛中,根据篮球比赛规则,对双方球员在比赛中的行为进行判断,并对比赛结果进行评判,这就是篮球裁判员。

一、高校篮球裁判员应具备的基本素养

高校篮球裁判员必须具有良好的职业素养，从而为自身职业能力的养成与提升创造良好的环境，促进篮球裁判工作的顺利进行。为此，高校篮球裁判员应具备的基本素养如下。

（一）思想品德素养

篮球裁判员的思想品德素养是篮球比赛中最重要的一环，其主要包括以下几个方面。

第一，热爱篮球，忠于裁判。

第二，具有良好的职业道德。

第三，全心全意为篮球事业服务，不弄权渎职、以权谋私。

第四，严守法规，不徇情枉法。

第五，秉公持正，不偏袒一方。

另外，篮球裁判员在处理问题和接待他人时，也要具备高尚的品德，这样才能更好地解决场上出现的突发状况。

（二）业务素养

业务素养是篮球裁判员职业素养的重要体现，其主要包括以下几个方面。

第一，对比赛准则和裁判法有一定的了解。

第二，熟练掌握技术知识和战术知识。

第三，精通比赛规则与特征。

第四，具有较强的英语沟通技巧。

（三）心理素养

在篮球训练中，运动员的心理状态是一项十分关键的基础素养。优秀的心理素养常常可以激励裁判员作出准确的评判。

具体来说，篮球裁判员的良好的心理素养主要包括以下几个方面。

第一，自信、自强。作为篮球比赛的"法官"，裁判员需要保持自信的态度。自信是相信自己的能力和实力，对自己充满信心，不怀疑自己的决策和行动。裁判员必须具备自信的品质，在保持情绪稳定的同时获得威严，激励斗志并战胜困难，掌控行动并发挥能力。

第二，反应迅速。应激反应是生物体对外部刺激作出的自动化反应。反应能力指裁判员对问题的发现、分析和处置速度，能够在短时间内作出准确的决断和宣判。裁判员需要迅速、准确和灵活地作出反应，以适应篮球比赛的要求和特点。

第三，思维敏捷。思维是一种认知活动，通过对事物的观察、分析、综合、判断、推理等过程，对事物进行深入的理解和把握。思维敏捷则意味着裁判员能够快速地对感知到的现象进行加工、筛选，去除假象、保留真相，并从中得出准确的认识和正确的判断。在比赛中，裁判员必须迅速作出判断并及时解决问题，不能给自己过多的思考时间，而且必须在观众面前表现得越快越好。

第四，果断。果断就是在恰当的时机作出决定并立即实施。决断力是裁判员必备的素质之一，在事实明确的情况下，需要立即作出决定，不能犹豫不决。

第五，沉着、镇静。当比赛中发生异常或意外事件时，裁判员应保持冷静、沉着、镇定，展现出高度的素养、自控能力并采取切实的应对措施。裁判员需要应对来自众多激情高涨的观众、教练员和运动员的情绪化表现，同时需要解决错综复杂、难以梳理的纠纷。如果裁判员缺乏冷静、沉着的意志素质，在处理比赛中的问题时就会分心和犹豫不决。只有那些不轻易惊慌失措、言行得体、善于妥善处理矛盾和纠纷的裁判员，才能有效避免问题的复杂化和恶化，也才会得到所有参赛者的尊重和认可。

（四）身体素养

篮球裁判员的身体素质非常重要，只有具有良好的身体素质，才能使裁判员参与到比赛中，并保证裁判工作的顺利完成。篮球裁判员的身体素养主要包括以下几个方面。

第一，速度快。在篮球运动中，由于球员奔跑迅速、策略多变、攻守切换迅速，因此速度快是裁判员必须具备的身体素养之一。

第二，持久力强。一场篮球竞赛大约有40分钟，赛程紧凑且竞争非常激烈，裁判员大多以最快速度跑动。而在体力方面，尤其是在速度和持久力方面，一旦出现问题，体力就会透支，反应能力就会下降，无法跟上赛场节奏，因此无法胜任裁判工作。所以，持久力强对裁判员保持和提高工作效率是不可缺少的。

第三，灵敏性及敏捷性。篮球运动对裁判员灵敏性及敏捷性的要求主要表现在两个方面：一方面，在赛场上裁判员需要不断地作出跑动、急停、转身等动作；另一方面，对赛场上的运动状况进行精确的判定，并及时作出标准姿势来提醒球员。

二、高校篮球裁判员临场工作的标准

裁判工作对比赛的胜负起着重要的影响和作用。作为裁判员，既要仔细核对，又要按规则行事，不能有丝毫的大意和疏忽。还要有良好的职业素养，工作态度要积极、负责，这是成为一名合格裁判员的必备条件。因此，对高校篮球裁判员的临场工作提出了更高的要求。

（一）做好充分的赛前准备

裁判员收到工作通知后，应该先确保充足的休息，这能够帮助他们充分地做好身心准备。建议提前至少 1 小时抵达比赛地点以免错过预定比赛时间。到达场地后，裁判员需要相互交流，然后召开准备会议。在比赛前，进行适当的热身运动是至关重要的。这不仅可以让身体得到锻炼，预防受伤，还可以获得良好的精神状态，帮助自己更好地进入状态。

（二）仔细检查比赛场地，保证安全

在比赛开始前 20 分钟，裁判员应该进入比赛场地，检查比赛设备并监督球队进行热身。这些任务需尽责完成，任何疏漏都可能导致比赛发生意外，处理起来也十分复杂。

（三）严格依照职责进行评判

在比赛中，裁判员需不断跑动，力争获得最佳视角，确保每次裁决都公平公正。除此之外，裁判员必须恪守规章制度和流程要求，严格承担职责，以确保比赛的公正和客观。裁判员应该坚持公正原则，保证在裁决的过程中使用相同的准则。裁判员的严肃、认真和细致的工作态度不仅可以赢得大众的敬重，也可使裁决更加具有说服力。

（四）认真完成比赛结束工作

随着比赛进入最后阶段，裁判员可能会感到疲惫，这易导致他们分心。因此，此时更需要他们全情投入，不容许有丝毫疏忽，切不可急功近利。比赛结束后，

需仔细核对记录表，以免出现错误而引发难以解决的问题。还要认真做好赛后总结，不断地提高裁判水平。

三、高校篮球裁判员的培养方式

目前，对高校篮球裁判员的培养方式主要有两种，一种是短期培训，另一种是实践锻炼，具体如下。

（一）短期培训

对高校篮球裁判员进行短期培训的方式有以下几种。对此，可以结合培训目标及实际需求有目的地选取，也可以结合起来使用。

1. 赛前临时培训

国内裁判员的培训通常以职业联赛为主。比赛前，中国篮球协会或其所聘请的具备一定工作经历及较高理论水平的高级职称裁判员通过举办短期培训班，对参加比赛的裁判员进行培训，并对其进行规则法、裁判法的讲授。

2. 有计划地组织学习

有计划地组织学习，包括系统地、有针对性地自我学习。此外，有关部门有规划地组织培训，如国际篮联规则四年一变。一般来说，在我国实行新篮球规则之前，中国篮球协会要组织国家高级裁判员培训班，这是一项非常重要的工作。

3. 派出参加国际裁判员训练班学习

为培养我国的篮球裁判员，通常国家体育总局会派出年轻裁判员参加这种训练班，以便我国有更多优秀裁判员获得出国参加世界性比赛的机会。有时，中国篮球协会也受国际篮球联合会或亚洲篮球联合会的委托，举办这种训练班，这使我国有更多的青年裁判员受到教育和训练。

（二）实践锻炼

篮球裁判员通过参与到实践中进行锻炼，能够有效提高其评判比赛的能力。一般来说，实践锻炼的形式可以大致分为以下三个方面。

1. 临场实践

篮球裁判员必须掌握规则、裁判法等知识，还必须掌握裁判执法技能，不断地进行临场实践。

2. 观摩学习

除临场实践操作外，就是向同行学习。多观摩同行宣判，特别是多观摩优秀裁判员临场工作，是提高裁判水平的重要途径。

3. 总结提高

裁判员在临场实践中会遇到许多问题，包括成功的经验和失败的教训。这就要求裁判员必须对这些方面进行分析研究，加强对规则的理解，掌握规则与技战术之间的关系，从而提高自身的裁判能力。此外，裁判员还应在总结中积累丰富的经验，形成自己的风格和实际才干。

第四节 高校篮球队的管理

一、高校篮球队管理班子

（一）主教练

高校篮球队需要一个高素质的教师为教练。其应该具备高尚的职业道德，具备高度的政治责任心和敬业精神；要有明确的专业职责，制订球队的训练计划，决定球队的发展方向、球员的选拔和基本打法的战术阵势配合，对队员进行素质教育和各种技战术的教授，确定比赛策略等；主教练还要有独特的篮球运动眼光和临场指挥艺术，以及良好的个性形象等。

（二）教练组成员

教练组成员主要包括教练员与助理教练员。高校篮球队伍管理工作中，教练员与助理教练员要互敬、互补，形成合理的结构。教练组成员除了要具有基本的职业道德和精良的篮球专业素养，还应具备良好的心理素质。必须有当好助手的思想境界和积极主动的合作精神，要有奉献精神，能付出辛勤劳动和艰苦努力，能承受压力和风险，做到任劳任怨、乐于奉献。又要具有良好的知识素养，了解包括哲学、社会学、心理学在内的多种学科知识。还要具有较高的能力素质，包括感知能力、表达能力、组织管理能力、控制协调能力、教育激励能力、决策指挥能力、社会交际能力和创新发展能力等。

(三)领队

在高校篮球管理工作中,领队的作用是帮助教练员做好运动员的思想工作,为球队提供良好的训练、生活和学习环境。在实际工作中,领队要正确处理与教练员之间的工作关系,遵从与配合教练员的各项工作。

(四)辅助人员

能力较强的高校在组织和经营篮球队伍时,会配备一定数量的辅助人员。在此着重阐述以下辅助人员。

一是医疗队。其工作内容为医疗督导、调节运动员营养结构、消除疲劳及恢复训练等。

二是心理学家或心理咨询师。在许多高水平的队伍中都有心理学家或心理咨询师,他们的任务是解决运动员在训练、比赛、生活中出现的各种心理问题,调整运动员的精神状态,提高运动员的心理健康水平。

二、高校篮球队管理的目标与原则

(一)高校篮球队管理的目标

在篮球运动中,设定目标至关重要。它不仅仅是简单的期望,还是明确的、可以衡量的结果导向。对于高校篮球队而言,管理目标的制定和实施涉及多个层面。首先,基础目标可以强化运动员之间的团队协作精神,这不仅有助于运动员在比赛中建立信任和默契,也能够促进运动员个人技能的全面发展。其次,更高层次的目标则是通过系统的训练和战术安排来挖掘运动员的潜力,使每个运动员都能在比赛中展现出自己的最佳状态,最终取得优异的比赛成绩,为校争光。

(二)高校篮球队管理的原则

1. 系统管理原则

高校篮球队的管理要结合球队特点制订一套完备的计划,并建立一个周密的管理模型,以实现最优的管理目标。因此,要遵从系统管理原则,这一原则的具体内容包括两个部分:一是总体分离和结合原则。管理要以总体计划为指导,以分工为依据,实现高效整合。对于高校篮球运动来说,只有通过科学的组织与协调,才能使管理工作有条不紊地开展。二是比较封闭原则。高校篮球运动是以比赛为核心的周期运动。在一段时间里，教练员应该采用比较封闭的方法对不规范的行为进行管理。

2. 控制管理原则

对高校篮球队的控制管理主要体现在对运动的组织、规划上。其实施可以从两个层面进行：一是数据统计。在训练与比赛中，运动员需要利用一定的数据来获得个体或球队在比赛中运用的技术和战术，其中包含投篮、进攻、助攻等。二是对训练与比赛中的各种数据进行分析，从而更好地指导运动员进行训练与竞赛。

3. 动态管理原则

高校篮球队管理并非静态的，而是动态的。高校篮球运动员的思想和行为状态是非常复杂的，这就需要管理者随时掌握运动员的状况，及时调整每个管理步骤，使之达到总体目的。

动态管理原则具体又分为两方面的原则：一是反馈原则。管理本质上是一种"控制"，因此信息反馈问题就不可避免地产生了。信息反馈对管理者提出了更高的要求，因而及时、准确、有力的信息反馈是高效管理的重要保障。二是灵活变通原则。篮球俱乐部的管理要有足够的灵活性，这样才能使球队在面对目标环境的种种变化时，能够更好地应对。

三、高校篮球队管理的宗旨与内容

（一）高校篮球队管理的宗旨

1. 形成团队精神

篮球运动作为一项集体竞技的体育项目，培养和完善和谐的球队环境，鼓励队员之间相互尊重、互相帮助，可以极大地提升球队的凝聚力。因此，篮球队的管理应引导球队形成一种坚不可摧的团队文化，使其成为推动球队不断前进、追求卓越的强大动力。

2. 培养球队核心

在激烈的篮球场上，核心无疑是球队的灵魂，其不仅是进攻端的最强武器，更是防守中坚不可摧的屏障。因此，培养球队核心成了高校篮球队日常训练中不可或缺的一环，这不仅仅是一项技能的锻造，更是提升球队整体实力的长远投资。通过系统的训练和比赛实践，高校篮球队可以不断地培养球队核心，以期在未来赛场上展现出卓越的表现。

3. 保持球队战斗力

在篮球运动中，具备强大战斗力的球队不仅是所有队员不懈努力的结晶，也是其管理水平的直接体现。要想保持篮球队的战斗力，首先，必须有一批团结合作、富有经验的管理层作为支撑。他们应当具备卓越的领导能力，能够协调各个环节，确保团队目标的一致性和执行力。其次，完善制度建设。相关制度需要细致周到，既要涵盖日常训练的规范操作，又要包含赛前准备、赛后分析等重要环节，确保每一步都有条不紊地进行。此外，管理者还需培养运动员的职业素养和团队精神，让他们学会尊重对手、尊重规则，以及在压力下如何保持冷静和专注。最后，保持球队战斗力的关键在于激发每个人的内在潜能，这需要管理者不断地激励运动员追求卓越，从而在赛场上展现出最出色的技能，以此赢得比赛。

4. 创新管理方法

成功的高校篮球队管理要根据管理条件、管理层次、管理对象和时间因素进行创造性的灵活运用。如果篮球队的管理者只是机械地照搬某种模式，忽视具体管理对象的特点和客观环境条件的变化，不讲求管理方法的创新，是难以取得管理成绩的。

（二）高校篮球队管理的内容

1. 篮球队的训练管理

训练是篮球运动员出成绩的主要手段，因而对球队的训练进行有效的管理有着重大的意义。训练管理的具体内容包括以下几方面。

（1）运动训练业务管理

篮球运动训练业务管理指对运动训练过程的管理，其一般程序是规划目标及建立模型→选拔运动员→制订各类训练计划→有效地组织和控制训练过程。

（2）运动员的文化学习管理

加强运动员的文化学习管理，是篮球队管理中的重要内容，这不仅关系到运动员的智力发展，更重要的是有助于运动员个人发展，提升运动员整体素质。运动员的文化学习管理要健全文化学习管理机构，建立一套包括考勤、学籍管理、奖惩等内容的完整的管理制度，并且要采取灵活多样的方式科学地安排学习时间。需要注意的是，运动员文化学习安排要灵活多样，要从运动队的实际情况出发。

2. 篮球队的竞赛管理

篮球竞赛是实现篮球运动价值的重要途径，更是篮球运动发展的重要推动力。

篮球竞赛需要投入大量的人力、物力、财力和时间等资源，只有良好的竞赛管理，才能有很好的综合效益。竞赛管理不善，会造成不良的社会影响和经济上的极大浪费。篮球竞赛管理千头万绪，要明确竞赛目标，做到合理分配人、财、物、时间等资源，制订周密的竞赛计划；对竞赛过程要实施科学化管理，保证竞赛各项工作紧密衔接、平衡协调；要调动社会举办竞赛的积极性，从而提高运动竞赛的社会效益和经济效益；要科学地评估竞赛的效果，认真总结成功与失败的经验教训，改革竞赛管理方法与手段，不断提高管理水平。竞赛管理的要素主要有以下四个方面。

第一，观察目标值。竞赛管理的主要任务是对竞赛目标进行考察，然后确定具体目标值，使目标既高度概括、鼓舞人心，又切实可行。

第二，制订竞赛计划。确定计划目标，明确竞赛活动所希望达到的目标。

第三，赛前模拟训练。模拟训练分为对比赛对手的模拟、比赛动作的模拟和比赛环境的模拟三类，一般按明确被模拟的对象→确定被模拟系统的边界→设置动态系统并进行相似分析→主练系统与动态系统统一起来练习的程序进行。

第四，有效地控制竞赛过程，认真地做好比赛过程中的临场指挥工作。

3. 篮球队的生活管理

（1）建立健全严格的生活制度

管理者应该对球队的作息时间、请假审批、内务卫生、业余生活，以及运动员个人的生活习惯等作出具体、明确的规定。还要制定文明公约、卫生公约等辅助规定。

（2）做好训练后的恢复与营养安排

篮球运动员的训练后恢复是生活管理中的一项重要内容。另外，管理者要注意运动员的营养安排。篮球队的营养师应根据运动员的实际情况和需要制定食谱。

（3）竞赛期间的生活管理

在竞赛期间，对运动员日常生活的管理要比平常更加严厉，尤其是纪律要更加严格。

四、高校篮球队管理的方法研究

（一）高校篮球队管理的基本方法

篮球队作为高校体育活动的重要组成部分，不仅是展现体育竞技精神的舞台，更是校园精神文明建设的一个缩影。因此，相关管理部门和每一位参与者都应给予篮球足够的关注与关爱，确保篮球队的建设工作得到充分的支持和推进。为了实现这一目标，必须建立适当的管理机制，并通过这些机制来提升高校篮球队在运动训练方面的整体水平。高校篮球队管理的基本方法应该包括但不限于以下五点。

第一，构建科学且合理高效的学习体系。这个体系不仅要有明确的目标和计划，还应该包括对理论、方针、政策等相关文件的深入学习。为此，可以制订详细的时间表，安排专门的时间给运动员系统地学习理论知识、方针政策以及其他重要文件。定期举办辅导报告和专题讲座，旨在帮助运动员更好地理解和掌握运动训练方法、比赛策略及团队协作等方面的专业知识。邀请模范先进人物进行演讲，分享成功背后的故事和经验，激励运动员朝着成为优秀运动员的方向努力。组织运动员参观一些具有教育意义的场所，如博物馆、科技馆、历史遗迹等。这些参观学习活动可以让运动员亲身体验不同的文化氛围，从而增长见识，提升素养。向运动员推荐一系列具有教育价值的书籍和文献，以供他们在业余时间自主学习，以此来激发运动员的学习兴趣，培养终身学习的习惯。另外，为了确保学习效果，定期组织讨论会，鼓励运动员分享自己的学习心得和体会，不仅有助于巩固所学知识，也是对运动员自我反思和成长的一种促进。通过这样全面而系统的学习体系，每位运动员都能够在篮球竞技的道路上不断超越自我，取得更加辉煌的成就。

第二，建立完善的评比机制。这不仅包括对运动成绩的考核，也包括对个人品德、团队协作和社会贡献等方面的考量。通过定期举办各类竞赛活动，可以激发运动员的竞技热情和潜能，同时对于表现突出的运动员给予精神上激励与物质上奖励相结合的双重支持。这些举措旨在培育出一批批具有卓越素质和领导能力的骨干队伍，他们在赛场内外都能起到积极示范和引领作用，激励更多人投身体育事业，共同推动项目发展。通过这种方式，能够持续提升运动员的整体水平，并将这股力量转化为推动社会进步的强大动力。

第三，安排详尽而合理的作息时间，确保运动员能够获得充足的休息与恢复。同时，结合科学的训练理念，精心策划一套系统的学习与训练时间分配方案，既保证训练效果，又兼顾运动员的身体健康。同时，注重运动员的个人发展，不仅关注他们的训练进度和理论成就，还要密切关注他们的日常生活细节，比如饮食、睡眠等，确保他们能够在良好的身心状态下持续进步。此外，积极加强与任课教师的沟通协作，定期举办教师座谈会，及时了解教学需求，并据此调整训练计划，确保学生能够获得最适合自己的教育资源。通过这样全面细致的关怀和支持，让每位队员都能取得优异的成绩，实现自己的篮球梦想。

第四，彻底贯彻民主原则，强化对运动员管理决策过程中的监督作用。这一过程需要精心策划和组织，为运动员提供充分参与的机会。通过定期召开评议会议，让他们有机会表达自己的意见和建议，从而确保整个团队能够在一个透明、开放的环境下运作。这样不仅可以加强队员之间的沟通，还能有效促进团队目标的实现。同时，这种民主监督机制将成为检验团队工作成效的重要工具，确保每项任务都得到公正、合理的评价，并对发现的问题及时进行调整、改进。

第五，加强法律教育，严格遵循规章制度来管理日常事务。每个人都应该清楚地认识到，遵守规则是维护秩序和提升效率的基础。特别是在执行纪律方面，对待运动员应当一视同仁，给予公平的评价和相应的奖励或惩罚。这样做不仅能够促进团队精神的培养，也能够营造一个积极向上、健康和谐的竞赛环境。通过建立赏罚分明的管理制度，可以激发运动员的潜能，激励他们为实现个人目标而努力奋斗，同时也可以为整个队伍树立榜样，促进整体的发展与进步。

（二）高校篮球队人力资源管理的方法

在篮球队中，人力资源管理的重要性不言而喻，它直接关系到队伍的整体运作效率和团队凝聚力。特别是那些处于关键位置的高级经理，其选拔更是一项挑战重重的任务。尽管篮球运动与其他行业的人力资源管理有相似之处，但由于篮球队的特殊性——它不仅需要考虑运动员的体能、技术、战术等因素，还必须兼顾队伍的商业价值、市场营销、品牌推广等多方面内容，因此寻找合适的人才显得尤为重要。在众多潜在的候选人中，如何精准地发现和甄别出真正符合条件的高级经理，成了一个复杂而又艰巨的任务。篮球队伍的高级经理不仅要具备良好的人际交往能力和组织协调能力，还要对篮球运动有着深刻的理解和热情，这使得在选择高级经理时比较看重工作经历。虽然工作经历的背景调查在评估高级经理的职业经验和资历时非常重要，但在实际操作中，第一印象及直觉判断往往占据着举足轻重的地位。这种直觉可能源自他（她）在面试中所展现出来的素质、态度及沟通方式，这些都是在短时间内难以通过书面资料完全量化的。因此，在筛选过程中，除了应进行详细的背景资料审查，更应注重观察高级经理在真实工作环境中的表现，以此来综合判断其是否具备担任高级管理职位的能力。

在不断细化的管理层级中，选拔和培养管理人员的过程可能会变得简化。随着组织结构的逐渐扁平化，对管理人员的素质要求也随之降低了。此外，随着管理幅度的缩小，管理层对下属的直接影响会更大，因此在这种情况下，培训和指导可以通过更为实际和具体的方式来实施。例如，通过模拟环境或团队建设活动来检验选拔标准和训练方法的有效性，这样不仅能够提高效率，还能够确保所采取的措施可以切实促进管理技能的提升。总的来说，随着管理层次的进一步下移，选拔和训练管理人员的策略将更加注重实效性与实用性，而非仅仅追求理论上的素质。

篮球队人力资源管理的方法有两种：测评和评定。前者是指对有明确答案行为的标准化检验，后者是对无标准答案行为进行考察和分析。测量的方法有：一是智力测试。智力水平、知识水平能够反映人的素质。二是想象力测试。测试应试者的想象力，得到的结论极具价值。因这项测试的结果与智力测试并无很多相关性，所以应将二者结合使用。三是领导能力测试。对应试者的领导能力测试的关键是了解应试者领导能力的背景材料。四是情景测试，即工作实例测试，重点在于测试能力。

一般来说，应慎重筛选体育人力资源，综合运用上述各种方法，就可以对应试者作出准确、全面的判断。

参考文献

[1] 钟莉:《篮球教学实践与创新教学探究》,吉林出版集团股份有限公司 2023 年版。

[2] 杨杨:《篮球教学方法研究》,现代出版社 2020 年版。

[3] 王荣:《篮球教学与训练的多维探究》,天津科学技术出版社 2020 年版。

[4] 魏超:《高校篮球教学与训练指导新探》,吉林出版集团股份有限公司 2022 年版。

[5] 宋珊、李大鹏:《篮球教学与训练研究》,吉林出版集团股份有限公司 2019 年版。

[6] 孙彬:《篮球教学与训练多方位研究》,吉林文史出版社 2021 年版。

[7] 石颖:《青少年篮球教学训练体系研究》,吉林大学出版社 2021 年版。

[8] 张斌:《高校体育篮球教学改革研究》,北京出版社 2021 年版。

[9] 王振中:《现代高校篮球教学理论与实践研究》,吉林大学出版社 2020 年版。

[10] 闫萌萌、张戈:《当代高校篮球教学与训练实践研究》,山西经济出版社 2020 年版。

[11] 孙锡杰:《多维视角下的高校篮球教学体系研究》,广东人民出版社 2022 年版。

[12] 周秉政:《铸魂育人 新时代高校篮球教学研究》,天津社会科学院出版社 2022 年版。

[13] 于洋:《高校篮球教学训练技巧研究》,新华出版社 2020 年版。

[14] 肖春元:《大学体育篮球教学改革研究》,黑龙江教育出版社 2019 年版。

[15] 孙海勇:《篮球教学创新与系统训练研究》,吉林大学出版社 2019 年版。

[16] 王振涛:《篮球教学理论与应用研究》,中国书籍出版社 2017 年版。

[17] 谭晓伟、岳抑波:《高校篮球教学开展的理论与实践研究》,吉林人民出版社 2018 年版。

[18] 刘云民、王恒:《篮球教学与训练》,哈尔滨工程大学出版社2015年版。

[19] 王岩、杨颂、胡淑娟:《篮球教学与训练》,哈尔滨地图出版社2004年版。

[20] 寇振声:《篮球教学与训练法》,人民体育出版社1987年版。

[21] 张海利、张海军:《现代高校篮球教学理论与方法研究》,新华出版社2015年版。

[22] 寇振声:《篮球教学、训练理论与实践》,中原农民出版社2007年版。

[23] 张亚辉、王成军、杨君伟:《实用篮球教学理论与方法》,西安地图出版社2007年版。

[24] 商允祥:《校园篮球文化建设与教学创新探索》,研究出版社2022年版。

[25] 刘龙:《篮球运动教学与系统训练研究》,吉林人民出版社2023年版。

[26] 侯向锋:《体育教学与篮球体能训练研究》,吉林出版集团股份有限公司2022年版。

[27] 孙静:《高校篮球运动教学与训练研究》,吉林出版集团股份有限公司2022年版。

[28] 张霖:《篮球竞赛规则教学指导》,厦门大学出版社2020年版。

[29] 张小刚、周秉政:《篮球运动教学训练的理论与实践》,天津社会科学院出版社2021年版。

[30] 张秀梅:《篮球运动基本技术教学与训练》,吉林人民出版社2021年版。

[31] 纪德林:《高校篮球运动教学与训练的指导及优化》,北京工业大学出版社2020年版。

[32] 张伟、肖丰:《高校篮球运动教学理论与方法研究》,新华出版社2019年版。

[33] 马光亮:《青少年篮球运动教学与训练》,北方文艺出版社2019年版。

[34] 毕永兴:《校园篮球课程教学方法与改革人才培养研究》,山西经济出版社2020年版。

[35] 李韬:《校园篮球课程教学方法改革与运用研究》,北京工业大学出版社2020年版。

[36] 乐玉忠、张伟:《校园篮球文化建设与教学创新探索》,中国商业出版社2018年版。

[37] 陈杰:《篮球运动教学理论创新与实战技巧研究》,中国原子能出版社2019年版。

[38] 朱亚男:《高校篮球运动教学与训练研究》,九州出版社2017年版。

[39] 李承维:《篮球运动教学与训练》,华中科技大学出版社2012年版。
[40] 冷晓春、马文慧、宋懿苾:《现代篮球理论教学与训练》,河北科学技术出版社2014年版。
[41] 杨照亮:《基于体育强国背景下现代篮球运动的教学与训练研究》,东北师范大学出版社2018年版。
[42] 吴鲲、陈小珂、李中山:《篮球实战能力培养及其理论教学》,中国时代经济出版社2013年版。
[43] 任金锁、李昂:《高校篮球运动教学与训练研究》,吉林大学出版社2012年版。
[44] 柏勇:《篮球教学与训练策略研究》,吉林出版集团股份有限公司2023年版。
[45] 练碧贞:《校园篮球教学指导》,北京体育大学出版社2022年版。
[46] 刘俊凯:《校园篮球教学指导》,河南大学出版社2020年版。
[47] 丁文:《篮球教学导论》,哈尔滨出版社2020年版。
[48] 王俭民:《篮球教学与体育训练》,吉林科学技术出版社2020年版。
[49] 孙明辉:《合作学习在大学篮球教学中的应用研究》,《体育世界》2024年第1期。
[50] 肖平、刘若旻:《"价值塑造、知识传授、能力培养"同步提升与高校篮球课程思政教学实践》,《哈尔滨体育学院学报》2024年第1期。
[51] 楼琴:《基于微信辅助的微视频在高校篮球教学中的应用研究》,《当代体育科技》2024年第3期。
[52] 张小龙:《高校篮球比赛运动伤害与预防机制及实施策略研究》,《当代体育科技》2024年第1期。
[53] 荆榛:《团队式教学模式在高校篮球训练中的应用研究》,《当代体育科技》2024年第1期。
[54] 王平:《合作性学习在高职篮球课程教学中的应用》,《长江工程职业技术学院学报》2023年第4期。
[55] 仲人中、王奇、姜山:《高校篮球教学中领会教学法的研究与应用》,《锦州医科大学学报（社会科学版）》2023年第6期。
[56] 任毅:《高校篮球教练员执教能力研究》,《体育世界》2023年第11期。
[57] 蒋强、张昊、黄锐等:《"双一流"高校篮球及篮球裁判课融合式教学实践与探究》,《当代体育科技》2023年第32期。

[58] 杜为鹏:《高校篮球教学中运动战术意识的培养研究》,《体育世界》2023年第10期。

[59] 李言涛:《我国校园篮球发展的成效、困境和优化路径》,《职业》2023年第18期。

[60] 姜小丽、赵云雷:《高校篮球教学的小组合作模式构建探讨》,《体育世界》2023年第9期。

[61] 包丹辉:《高职院校学生篮球训练效果提升探究》,《长江工程职业技术学院学报》2023年第3期。

[62] 张怀琛:《高校篮球教学中情境教学的运用》,《体育世界》2023年第8期。

[63] 闫劲明:《高职院校篮球教学中如何调动学生的积极性》,《山西能源学院学报》2023年第4期。

[64] 沈婉蘅:《运动教育模式在高职院校篮球选项课中的教学研究》,《当代体育科技》2023年第24期。

[65] 任立耀:《学生自主学习品质提升视域下的篮球课程改革研究》,《当代体育科技》2023年第24期。

[66] 许睿博、郭占久:《新兴体育,新型课堂——高校篮球教学拓展训练的应用》,《黑河学院学报》2023年第8期。

[67] 程跃进:《趣味篮球活动的开展对青少年体质健康促进的研究》,《田径》2023年第8期。

[68] 范立、梁艳江:《休闲体育理论下高校篮球教学训练方法分析》,《当代体育科技》2023年第21期。

[69] 李子颐:《高校篮球教学中功能性训练的应用研究》,《内江科技》2023年第7期。

[70] 吴海琳、赵芮:《"互联网+"视域下高校篮球教学改革研究》,《教育教学论坛》2023年第29期。

[71] 王成健、张波:《高等学校线上线下混合式篮球教学改革》,《秦智》2023年第7期。

[72] 王建军、何玲玲、郑志强等:《大学体育与健康篮球课程思政案例的探索与实践》,《四川体育科学》2023年第4期。

[73] 翟奇:《高校公共篮球课教学中小群体模式的应用实践研究》,《当代体育科技》2023年第19期。

[74] 金萌:《多样化反馈模式在大学篮球教学中的实践及效果分析》,《当代体育科技》2023年第19期。

[75] 刘璇:《高校篮球文化建设研究》,《文体用品与科技》2023年第13期。

[76] 薛海涛、李小妮:《基于多媒体技术的高校篮球投篮动作微课教学辅助系统》,《自动化技术与应用》2023年第6期。

[77] 边静:《游戏教学在高校篮球核心力量训练中的应用》,《当代体育科技》2023年第17期。

[78] 隋岩:《高校篮球发展的机遇和困境与对策研究》,《当代体育科技》2023年第16期。

[79] 李迪:《篮球教学发展小学生个性的作用研究》,《青少年体育》2023年第5期。

[80] 王宇、孙明善:《体教融合背景下高校篮球公共课程思政理论与实践研究》,《体育科技文献通报》2023年第5期。

[81] 盛晓虎:《体育结构化教学视角下小学篮球大单元教学的设计》,《体育师友》2023年第2期。

[82] 张远明:《信息化背景下高职院校篮球教学实践的路径》,《吉林工程技术师范学院学报》2023年第4期。

[83] 王银飞:《新时期高校篮球教学改革创新路径探索》,《产业与科技论坛》2023年第6期。

[84] 马思远:《体育教学中"教师主导"与"学生主体"刍议》,《青少年体育》2023年第2期。

[85] 王燕、刘永科:《高校篮球教学的小组合作模式构建研究》,《科学咨询（教育科研）》2023年第2期。

[86] 李云成、周继锋:《体育教学中的篮球教学方法与技巧分析》,《中国教育学刊》2023年第S1期。

[87] 刘存、马良:《高校篮球课程教学现状与优化策略分析》,《体育世界》2023年第1期。

[88] 段智亚:《高校体育专业篮球教学方法多元化的应用研究》,《江西电力职业技术学院学报》2022年第12期。

[89] 赵国凯:《大学生篮球教学中有效运用合作学习模式的策略研究》,《江西电力职业技术学院学报》2022年第12期。

[90] 熊巍:《篮球规则在篮球教学和训练中的作用研究》,《山西科技报》2024年4月11日第B03版。

[91] 盛静、苏强:《运动让生活更美好》,《淮南日报》2022年1月28日第A01版。

[92] 孙军:《奋力谱写体育事业新篇章》,《焦作日报》2022年1月5日第A08版。

[93] 王雨萱、王轩、葛新:《以篮球为媒,助推体育强市建设》,《克拉玛依日报》2023年12月15日第A05版。

[94] 田延士、王承坤:《体教融合进入"篮球时间"》,《山东商报》2023年8月16日第16版。

[95] 杨屾:《中国大学篮球稳步前行期待蜕变》,《中国青年报》2023年8月2日第4版。

[96] 陶相安:《校园篮球 茁壮成长》,《人民日报》2022年9月8日第16版。

[97] Yang Yang, Chen Dandan, Cai Kelong, "Effects of mini-basketball training program on social communication impairments and regional homogeneity of brain functions in preschool children with autism spectrum disorder", *BMC Sports Science, Medicine and Rehabilitation*, Vol. 16, 2024.

[98] 汉中市体育局:《篮球专项体能训练:下肢力量训练10大黄金动作》(https://mp.weixin.qq.com/s?__biz=MzU4OTQzOTUxNQ==&mid=2247528845&idx=3&sn=7a67a77bc62f953220c79fe65a4b7a94&chksm=fdcf46f9cab8cfef9f0e93b69c971f224e8865876f72d52923285fbb9123e2d2a3ee01ebb7fe&scene=27)。

[99] 曹奕博、姚友明:《这个春节,中国女篮冲击奥运席位》(https://sports.gmw.cn/2024-02/07/content_37138449.htm)。